ウクライナ戦争の
200日

小泉 悠

文春新書
1378

はじめに

二〇二二年二月二十四日、ロシアがウクライナに対する軍事侵攻を開始しました。第二次ロシア・ウクライナ戦争の始まりです。

　ロシアが何故このような暴挙に及んだのか。国民はどう考えているのか。当初圧倒的だと見られていたロシア軍が苦戦を強いられているのは何故なのか。ウクライナの地でどれだけの人々に被害が出ているのか。我々日本を含めて世界はどうなっていってしまうのか……現在進行中の事態であるだけに、これらの問いに対するしっかりした答えはまだ出ていません。ただ、本書はとりあえずの「第一声」として、七人の方々と戦争やロシアについて率直に語り合ってみました。

　批評家・東浩紀さんとの対談（I）は、開戦から大体一カ月半くらいの時点で行われたものです。この頃にはロシア軍による短期勝利の可能性は失われ、しかもブチャでロシア軍による大規模な拷問・殺害が行われたことが明らかになっていました。二十一世紀にもなって人類はどうしてこういうことをやめられないのか、そもそも人類はこれまで賢くなってきたのか――こうした、割に大きな問いを東さんにぶつけられた回だったと思っています。

第二章（Ⅱ）では一転、細かい話から始めました。お相手いただいたのは芥川賞作家の砂川文次さんで、今読み返してみるといきなり小林源文《もとふみ》の仮想戦記の話から始まっているという何とも独特な（婉曲表現）回です。さらに後半ではマーチン・ファン・クレフェルトの『戦争の変遷』が登場したりしてまさに「超マニアック」というか、これは商業出版ベースに乗せて大丈夫なのかと我ながら心配になるのですが、その中から浮かび上がってくるものもたしかにあるな、と自負してもいます。神は細部に宿る、と言えば陳腐ですが、ひたすら狭い穴を深く深くほじっていくことで見えてくるものもたしかにあろうと思うのです。対戦車ヘリのパイロットが休日に何を考えてるのかとか。

防衛研究所の高橋杉雄さんとの対談は合計二回分（Ⅲ、Ⅵ）が収録されており、本書の中でもかなりの分量を占めます。高橋先生とは以前から色々な研究会でご一緒してきた仲で、二〇一九年には共著も出しているのですが、今回の戦争が始まってからはほぼ毎日のようにテレビなどで顔を合わせるようになりました。その高橋先生と今さら何を話したものか……と思ったのは杞憂で、始まってみると双方話題が尽きず、第二章に劣らぬマニアックさが炸裂するパートとなりました。このうち第三章は開戦後三カ月前後の時点で行われた二回の対談で構成されており、「これだけやってもどうしてロシアは勝てないんだ？」という点に互いの関心が収斂《しゅうれん》していたように思います。一方、第六章はそれからさらに一カ月を経た時点での対談であり、こちらは地形とかテクノロジーとか、時代を超えたファクターと今回の戦争という観点が前面に出ました。

第四章（Ⅳ）は『この世界の片隅に』で知られる片渕須直監督とお話をさせていただきました。私自身は『この世界の片隅に』に非常に強いショックを受けたこともあり、何を話したものかと直前までかなり迷ったのを覚えています。しかし始まってみると「軍都としての千葉」とか「紫電改が自動空戦フラップを出す」とか逃れ難い軍事オタクの性《さが》が出てしまい、しかし結果的にそのディテールへのこだわりが「戦争の描き方」に着地していくという展開になりました。それから、考えてみると、片渕監督は今回の対談相手で一番年齢差が大きいのですね。その意味では世代間対話をしているような新鮮さもあり、色々な年齢層の読者にお楽しみいただけるのではないかと思っています。

さて、以上第一～四章（Ⅰ～Ⅳ）及び第六章（Ⅵ）は「おじさんがおじさんと戦争の話をしている」という、全体的に脂っぽいというか、くすんだ色合いの章なのですが、ここでヤマザキマリさんが登場します（Ⅴ）。今回収録した中では唯一、オンラインで行ったのですが、画面からはみ出してくるような迫力というかオーラがあり、特に印象に残る対談となりました。ちなみにヤマザキさんと言えばイタリア通であり、ご自身も地中海沿岸諸国で暮らした経験が長いので、ユーラシアの北から中央の方ばかり見ている私とは視線が随分違うのではないかと思っていました。しかしヤマザキさんの語るイタリアは何となくロシアに重なるものがあり、研究対象と距離を保つという意味で比較の重要性を思い知った気もします。ちなみにある外交官から「ロシアの喜劇バージョンがイタリア、イタリアの悲劇バージョンがロシア」という言葉を聞いたことがありますが、ヤマザキさんからイタリアの話を聞いているとまさにそんな感じだなと納得しました。

　最後の第七章（Ⅶ）は、私の個人的なリクエストで実現した対談です。この戦争に関して割とロシアに及び腰とされていたドイツ、あるいは孤立するロシアの頼みの綱とされた中国、この二カ国からの視点があった方がいいと思ったのです。ということでやはり旧知のマライ・メントラインさんと安田峰俊さんにお越し願い、ユーラシアの東西からこの戦争がどう見えているのかを存分に語っていただきました。ここから見えてきたのは、やはりドイツも単純な「西側」ではないし、中国はロシアと一枚岩ではない、という複雑な世界のありようです。

では、そうした一筋縄ではいかない世界の中で、日本はどうやって生きていくのか。これは七本の各対談の中でもそれぞれ語られていますし、本書をきっかけとして読者の皆さんと一緒にさらに深く考えていけるならこれに勝ることはないと思います。

ウクライナ戦争の200日　目次

初出一覧

Ⅰ　ロシアは絶対悪なのか　東 浩紀×小泉 悠
「文藝春秋」（2022年7月号）をもとに加筆修正

Ⅱ　超マニアック戦争論　砂川文次×小泉 悠
「文藝春秋」（2022年7月号）をもとに加筆修正

Ⅲ　ウクライナ戦争　一〇〇日間を振り返る　高橋杉雄×小泉 悠
「Foresight」（2022年5月9日・10日　6月14日・15日配信）

Ⅳ　ウクライナの「さらにいくつもの片隅に」片渕須直×小泉 悠
「週刊文春エンタ＋」（2022年7月12日発売号）をもとに大幅に加筆修正

Ⅴ　「独裁」と「戦争」の世界史を語る　ヤマザキマリ×小泉 悠
「週刊文春 WOMAN」（2022年夏号）をもとに加筆修正

Ⅵ　徹底解説　ウクライナ戦争の戦略と戦術　高橋杉雄×小泉 悠
「文藝春秋」（2022年9月号）

Ⅶ　ドイツと中国から見るウクライナ戦争
マライ・メントライン×安田峰俊×小泉 悠
語り下ろし　構成・山手ぽてと

ウクライナ全土の地図
ベラルーシ
ロシア
ポーランド
プリピャチ川
チェルニヒウ
チョルノービリ
スムイ
キーウ
ブロバルイ
ハルキウ
リビウ
ウクライナ
ドニプロ川
ドネツ川
セベロドネツク
リシチャンシク
クレメンチュク
スロバキア
ルハンシク
ドネツク
ザポリージャ
マリウポリ
ミコライウ
モルドバ
ハンガリー
メリトポリ
オデーサ
ヘルソン
ルーマニア
アゾフ海
ズミイヌイ島
黒海
クリミア半島
2 月 24 日以前からロシアの支配下にある地域
ロシア軍の進軍地域
（7 月 18 日時点：米シンクタンク「戦争研究所」の資料などを基に作成）

ウクライナ東部の地図
ロシア軍の進軍エリア
ロシア
ハルキウ
ドネツ川
ルハンシク州
イジューム
リシチャンシク
セベロドネツク
スラビャンスク
クラマトルスク
ルハンシク
ウクライナ
ドネツク
ドネツク州
ドンバス地方
マリウポリ
6 月 25 日時点

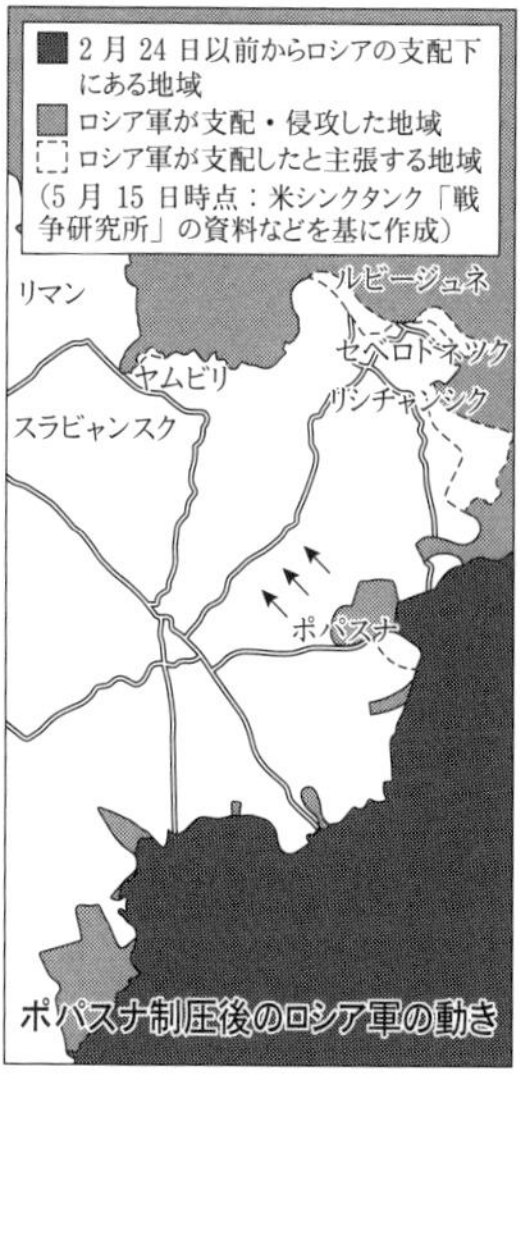
2 月 24 日以前からロシアの支配下にある地域
ロシア軍が支配・侵攻した地域
ロシア軍が支配したと主張する地域
（5 月 15 日時点：米シンクタンク「戦争研究所」の資料などを基に作成）
リマン
ルビージュネ
セベロドネツク
ヤムピリ
リシチャンシク
スラビャンスク
ポパスナ
ポパスナ制圧後のロシア軍の動き

I

ロシアは絶対悪なのか　×東　浩紀

ポスト冷戦時代の終焉を告げる出来事となったウクライナ戦争。
米国主導のもと世界が一極に安定するのでなく、
複数の大国が異なる世界観を掲げて共存する
多極的な世界への転換が印象づけられた。
プーチンの世界観、そして今後も残り続ける
〝ロシア的なもの〟とは。
一枚岩ではない世界の複雑さを改めて考える。
（2022年4月11日）

東浩紀（あずま・ひろき）
1971年、東京都生まれ。批評家・作家。株式会社ゲンロン取締役。東京大学大学院博士課程修了。専門は現代思想、表象文化論、情報社会論。93年に批評家としてデビュー、東京工業大学特任教授、早稲田大学教授などを歴任し、現職。著書に『動物化するポストモダン』（講談社現代新書）、『一般意志2.0』（講談社文庫）、『ゲンロン0：観光客の哲学』（株式会社ゲンロン）など多数。

1989年12月2日	米ソ両国のマルタ会談により東西冷戦が終結
1991年7月1日	ワルシャワ条約機構解体
1991年12月25日	ソビエト連邦大統領ゴルバチョフ氏が辞任し、ソビエト連邦が消滅
2001年9月11日	イスラム過激派組織アルカイダによるアメリカ同時多発テロ事件が起きる
2022年2月21日	ロシアのプーチン大統領が、ウクライナ東部で「ドネツク人民共和国」と「ルガンスク人民共和国」の独立承認の大統領令に署名
24日	プーチン氏がウクライナ東部での「特別軍事作戦」の実施を発表。首都キーウ（キエフ）などへのミサイル攻撃や空爆が始まる。ロシア軍がチョルノービリ（チェルノブイリ）原発を占拠
3月1日	ロシア軍がウクライナ第二の都市ハルキウ中心部やキーウのテレビ塔を攻撃
4日	ロシア軍が南東部のザポリージャ原発を攻撃
8日	ウクライナのゼレンスキー大統領が英議会でオンライン演説
9日	ロシア軍がウクライナ南東部マリウポリの産科病院を攻撃、妊婦ら死傷
16日	ゼレンスキー氏が米議会でオンライン演説
	ロシア軍がマリウポリの避難所となっている劇場を空爆
4月3日	キーウ近郊のブチャなどで民間人殺害が判明し、ゼレンスキー氏が「ジェノサイド」と非難
7日	国連総会がロシアの人権理事会理事国の資格停止決議を採択

甦った古いタイプの戦争

小泉　東さんとお会いするのは僕が東さんの経営するゲンロンカフェにお邪魔したとき以来ですね。あの日はイベントが終わった後に酔っぱらって家に帰れなくなり、夫婦史上最大の危機を迎えました（笑）。

東　あのときは失礼しました。

小泉　それが一昨年の秋のことですが、今にして思えばあの頃は平和だったなと思います。今年二月のロシアによるウクライナへの軍事侵攻以来、世界の雰囲気は随分と変わってしまいました。

私のようにロシアの軍事を研究してきた人間からすれば、今回のウクライナ戦争のような事態が起きる可能性があることは、事前に予測できて然るべきでした。しかし、キーウやハルキウのような歴史ある大都市が軍事攻撃に遭い、マリウポリでは食糧が不足しても市民が逃げることができないという状況を実際に目のあたりにすると、やはり想像力の限界というものを思い知らされます。第二次世界大戦の際の地上戦を彷彿とさせる現状を前に少なからぬショックを受けています。ブチャでは、地下室に男たちのつながれた遺体がたくさん転がっているとか、後ろ手に縛られた遺体が土管の中に放置されているとか、道端に裸にされて、たぶんレイプされた女性の遺体があるとか。このような陰惨な戦争を人類は克服したのではなかったかと思ってしまいます。

東　おっしゃる通り、ウクライナ戦争は非常に古いタイプの戦争という印象がありますよね。戦車がやって来て、都市が攻撃に遭い、人々は拷問・強姦され、虐殺されている。百年前、千年前とまったく変わらない戦いの光景が広がっています。人間は昔と変わらず残虐なことをする動物だということが改めて突きつけられていると感じます。

人類は大して進歩していない

小泉　ただ、ショックを受ける一方で、その悔恨は先進国に生きる我々の驕りにすぎないのだという醒めた感覚もあります。例えば一九九〇年代に起こったチェチェン紛争におけるロシア軍の行為は今回とさほど変わらないわけです。中東での戦争でも少なからず、似たような事態は起こっているでしょう。以前から変わらずにある忌々しい戦禍を、馴染みのあるヨーロッパの都市で目撃しただけとも言える。

東　僕はウクライナ戦争とコロナ禍が同時期に現れたことも重要だと感じています。医学の目ざましい発展とビッグデータに代表されるコミュニケーション技術の進化によって、人類は感染症すら制御することができるという主張がありました。歴史家のユヴァル・ノア・ハラリが、代表作『ホモ・デウス』の中でそういう主張をしています。この本は題名の通り、「ひと（ホモ）の歴史は神（デウス）の実現に向かっている」という内容です。しかし、「文藝春秋」（二〇二二年五月号、「ハラリと落合陽一　シンギュラリティ批判」）でも書きましたが、パンデミックは「ポストヒューマン」や「シンギュラリティ」といった流行の概念、つまり人間の万能感に大いに冷や水を浴びせかける経験となりました。

小泉　感染症については、僕は素人で全然わからないのですが、でも結局かかるのは人間なわけですよね。オミクロン株が最初に持ち込まれた時だって、米国から帰国した女性が隔離されてなくちゃいけないんだけど彼氏か誰かとこっそり会ったんですよね。その人がそのままサッカーの試合を観に行った。人間は結局欲望を抑えきれないと。そういう、テクノロジーは進歩するけど人間の本質は変わらないのは、戦争も疫病対策も同じだと思います。

東　その意味で、戦争と新型コロナウイルス感染症が同時期に起きたことは非常に象徴的だと思うんです。医学もコミュニケーション技術も進歩しているのに、実際に感染症対策に役立ったのはビッグデータ分析を活かした接触履歴アプリではなく、マスクや手洗い、都市封鎖という数世紀以上も前からある方法でした。戦争についても同様です。軍事技術は進んだかもしれませんが、結局、戦争は人間が起こすものです。憎悪や欲望をいかにコントロールするかということについては、人類は大して進歩していないことを認めなくてはいけません。

小泉　現代ロシアの作家、ウラジーミル・ソローキンの作品に『親衛隊士の日』という小説があるんですが、二〇二八年のロシアが舞台で、不気味なリアリティがあるんです。旅客機は超音速だし、兵隊はレーザー砲を持っている。ところが政治はまるでロシア帝国だし、皇帝の親衛隊士たちがやっていることは中世の恐怖政治そのもの。

東　ロシアが皇帝制に回帰した設定で描かれていて、いま読むと結構リアリティがありますよね。

小泉　ソローキンは十数年前にまさに現在のような状況を予想していたんだなと思います。

一方で、元露空軍の将軍で軍事科学アカデミー副総裁のウラジーミル・スリプチェンコは著書『第六世代戦争』で、《現代の戦争はドローンなど精密誘導兵器で決着がつくため、戦場における直接戦闘の重要性は低下し、古典的な野戦軍は時代遅れになる》などと書いています。サイバー攻撃やロボット軍隊を駆使する無人化された戦争へと人類はシフトするという議論は米中露を問わず、軍事研究者の間でなされてきました。

ゼレンスキー戦略への懸念

東　九一年に起こった湾岸戦争ではコンピューターを駆使した兵器が登場し、「ニンテンドーウォー」とも呼ばれました。近年も、これからの戦争はバーチャル化されスマートなものに変化していき、現実の戦場だけでなく、情報空間で戦いが起こる「ハイブリッド戦争」になると言われていました。

小泉　ええ。しかし、現時点で二十一世紀最大の戦争と言えるウクライナ戦争は、人間の兵士が血を流しながら戦う、歴史の教科書から出てきたような古典的な戦いです。かつてプロイセンの軍事理論家、カール・フォン・クラウゼヴィッツが見抜いていたように、戦争の本質に、相手を滅ぼすまで暴力はエスカレートし、理論的には無制限の暴力が行使される「絶対戦争」へ至るという人間の性があることは否定できません。

東　今回のウクライナ戦争にもハイブリッド戦争の面はあります。ただ僕はこれまでハイブリッド戦争について、高度な技術を持つハッカーたちがサイバー攻撃などで暗躍するイメージを持っていました。ところが、実際に効果を発揮しているのは主にウクライナ側によるＳＮＳ上への投稿です。写真や動画をハッシュタグをつけて拡散し、仲間を増やす方法。よくあるネット上の論争とあまり変わらないスタイルだとも言える。

小泉　現代的な意味でのハイブリッド戦争とは戦争の決着が戦場で付かないという現象を言うんだと思うんですね。例えばベトナム戦争では中隊規模以上の戦闘では常に米国が勝利を収めていました。それでも最終的に戦争に勝てなかったのは米国内で戦争に対する支持が失われ、戦いを継続できなくなったからです。

今回の戦争ではゼレンスキーのキャラクターや振る舞いが国際世論に大きな影響を与えています。副首相兼デジタル担当大臣のミハイロ・フェドロフは弱冠三十一歳であり、世界的な起業家であるイーロン・マスクに呼び掛けて衛星ネットサービスのスターリンクを提供してもらったことも大々的に報道されました。ウクライナは国内外を問わず、反ロシアの〝空気〟を醸成することに成功しています。

東　ただ、ウクライナが仕掛けているその戦略は、必ずしも敵国ロシアには向かっていない。むしろその外で成果を上げている。国際世論はゼレンスキー支持一色ですが、他方でロシアはどこ吹く風というように戦車で隣国の土地を蹂躙《じゅうりん》し続けている。いわば「ハイブリッド戦争」対「非ハイブリッド戦争」という状況になっているように見えるのですが、いかがですか。

小泉　その通りですね。ハイブリッド戦争の理論はあくまでも敵国が民主国家である場合を想定しています。民主国家だからこそ、国際社会で風向きが悪くなり、国内で支持を得られなくなると戦争が継続できなくなり、負ける。しかし、ロシアは権威主義体制であり、プーチン政権はテレビなど主要メディアを支配下に置き、ネット空間でもフェイスブックなどＳＮＳにはアクセスができなくなっている。プーチンが支持されている限りは、ロシアは戦争を継続するはずです。

戦争終結のシナリオ

東　僕が懸念しているのはブチャの虐殺以降、国際世論がますます強硬になっていることです。プーチン体制を倒すまで終わらない、という雰囲気になっていますが、そこに辿り着くには両国ともに大変な犠牲が必要になります。そこはどうご覧になっていますか。

小泉　ウクライナ戦争が終結に向かうシナリオはいくつか想定できます。例えば、第一次世界大戦の最中に起こったロシア帝国崩壊のように、国家体制そのものが内部から崩壊してプーチンが戦争を継続できなくなるケースです。ただ、もしロシアがプーチンという強力なリーダーを失ったとき、すんなりと新政権が出来て停戦に至るのか。さらに激しい混乱が生じて収拾困難になる可能性も高いのではないか。私はプーチンが国家元首の座に就いている間に、はっきりと彼の責任として落とし前をつけさせる方がいいと思っています。

東　歴史の歯車を戻すことはできませんが、そもそもロシアが侵攻を開始したタイミングでＮＡＴＯ（北大西洋条約機構）がより強い態度を取り、戦闘の拡大を抑止するという選択肢はなかったのでしょうか。

小泉　そうすべきだったと思います。昨年十二月にプーチンとバイデンがオンライン首脳会談をしましたが、その後、バイデンは「米軍が単独で軍事介入をすることはない」と述べました。バイデンはあそこまで明言する必要はなかった。

全面核戦争の予感

東　そうですよね。今のように戦争が長期化してしまうと、プーチンが核のスイッチを押す可能性もゼロではなくなってくる。国際世論の強硬化が怖いのは、かりにロシアが核兵器を使ったとして、「こちらも撃ち返すべきだ」という意見が安易に多数派となる恐れがあるからです。ゼレンスキーは主要国の議会で演説を繰り返し、今や世界の英雄となっている。ウクライナでの戦禍を伝える映像が毎日のように更新され、ＳＮＳで拡散される状況では、冷静な判断ができるとは限りません。

小泉　ロシアには「エスカレーション抑止のためのエスカレーション」と呼ばれる核戦略思想があります。限定的な核使用によって敵に「加減された損害」を与え、戦闘の継続によるデメリットがメリットを上回ると認識させる。この戦争で言えば、ウクライナの無人地帯や黒海上などで限定的な核使用を行い、戦闘の継続を放棄させたり、第三国の参戦を思い止《とど》まらせようというものです。

ただ一方で、米国は二〇一八年に行った核態勢の見直し（ＮＰＲ）で、ロシアが限定的核使用をした場合に同じ規模の核報復を行える能力を持とうということになりました。これが今配備されている潜水艦用の低出力の核弾頭で、仮にロシアがウクライナの降伏を強要するために限定的核使用に及んだ際は、アメリカも一発だけ撃ち返すというオプションができたわけですが、その先がどうなるかはまったくわかりません。

東　民主主義国家は世論で動きます。ロシア軍が核兵器を使用し、世論が報復を求めた場合、どこまで抑えることができるか。

小泉　わからないのは、核のボタンを握っているプーチンの世界観です。核抑止戦略の理論モデルでは、どうしても「独裁者の信念」のような側面は計算することができない。

東　核抑止論は基本的にはゲーム理論に基づいているので、合理的なプレイヤーを想定して作られています。

けれど、今回つくづく感じるのは人間とはそもそも非合理な存在だということです。プーチンの侵攻が非合理で理解に苦しむとは多くの専門家が言っていることですが、僕はプーチンだけではなく、世論で動く西側諸国もまた信頼できないプレイヤーのように思うんです。ＳＮＳを利用して世界の大衆に政治家を通さずじかに話しかけ、味方につけるというウクライナのやり方は戦術的には正しい。実際武器支援を受けることに成功している。ただ、それによって起きた国際世論の「感情化」の行く末には警戒が必要です。

小泉　国際世論が高まっていく中で、それでもなおロシアが核を使うとすればウクライナに対する核攻撃ではなく、西側を怖じ気づかせるための核使用になるのではないでしょうか。北大西洋の海上に落とすなどの限定的かつ警告的な核使用が軍事理論的には考えられます。

東　民主主義には戦争のような危機のガバナンスとしては弱点があると思っています。民主主義は本質的には、カール・シュミットが指摘したように、自由主義と原理的に対立するところがある。民主主義はルソーが言うように人民の意思を優先させる、全体の意思を優先させる原理です。それに対して自由主義は社会よりも個人を優先させる原理なので、民主主義と対立する。おまけにそこで民主主義が尊重するという「人民の意思」なるものは、じつはどこからやってくるのかわからない。戦争のような非常時にみんながＳＮＳに流され、それをもとに民主主義的な決定を行うと、極端な選択をしてしまうかもしれません。

三沢・横須賀にもミサイルが

小泉　ただ、エスカレーション抑止は必ずしも核使用を伴うものではありません。弾道ミサイルを国土の近くに落とすか落とさないかといった米露間の駆け引きなど、核使用にいたる手前のさまざまな手段が用いられ、互いに計り続けていくことになるはずです。

東　ウクライナ戦争による世界秩序の不安定化については、日本も他人事ではありません。日本の安全保障は米国を信頼することで成立してきたわけですが、米国は本当に助けてくれるのか、という疑問も出てきました。

小泉　ウクライナ戦争がさらに拡大し、ヨーロッパ全体を巻き込んだ大戦争になってしまった場合に限りますが、在日米軍基地にロシアのミサイルが飛んでくる可能性はあります。ロシアの軍事思想は「アクティブ・ディフェンス」が特徴で、守るためには相手の攻撃能力を先に叩くという発想です。米軍の攻撃からカムチャッカにある原潜基地や極東のウクラインカの爆撃基地を守るために三沢や横須賀の米軍基地を先に叩くと考えるのは自然な流れと言えます。

東　台湾有事に米軍がどう動くのかも定かではありません。そもそも台湾の国際的な地位は複雑です。ウクライナ戦争以上に非介入の可能性が高いようにも見える。今後日本では米国に頼らず自前の安全保障を求める声が大きくなると思うのですが、どうお考えですか。

日本の核シェア議論は軟弱

小泉　そう思います。ただ最近、議論されている日本の核シェアリングに関しては、私は二つの理由から懐疑的です。一つ目は日本で核シェアリングをしたとして、そもそも使い道があるのかという点です。ヨーロッパで行われている核シェアリングは、ロシアの機甲部隊が攻め込んできたときに、自分たちの責任で自国領に核を落とすという運用を想定したものです。あくまでロシアと国境を接したヨーロッパにおいて有効な戦略と言えます。

もう一つは、核シェアリングの議論には「自前で核武装する」と言えないから米国に核弾頭だけ貸してもらう、という国内事情ばかりを鑑みた中途半端な印象を受けます。一見するとリアリズムに基づいた議論に思えますが、結局は米国に都合のいい時だけ助けてもらうという考え方です。これは軟弱かつ非現実的ではないかと感じます。

東　安全保障で思い出すのが、二〇一一年に起こった福島第一原発事故のことです。当時、二十キロ圏内の住民に政府から避難指示が出たのですが、じつは国による全体避難計画があったわけではない。実際は地方自治体が現場で対応し、避難場所を貸してくれそうな自治体に個別に電話していた。

小泉　残念ながらそうした事態は戦時下の日本においてもありえると思っています。今回の戦争ではマリウポリが孤立してしまって住民が逃げられなかったわけですが、日本も戦闘が起きたときにちゃんと住民を逃がすプランがあるか怪しいものです。

東　コロナ禍におけるワクチン接種も自治体頼みで、初期の頃は方針が違って混乱も生じていました。いざ日本が戦争に巻き込まれ、国内で戦闘が発生した場合、避難計画は結局「各自治体が立てるように」ということになるのではないか。

小泉　以前、自衛隊の演習を見に行った際に、私が住民はどうするんですかと聞いたら、「戦闘が始まる前に警察がなんとかしてくれる」というような返答でした。最近では自衛隊でも住民避難を意識した訓練が増えているようですが……。

東　ウクライナ戦争は、ポスト冷戦時代の終焉を告げる出来事だと思います。冷戦後しばらく、米国が経済的にも軍事的にも圧倒的な力を持ち、価値観や文化面でも米国が主導していくという世界観が支配的になりました。その世界観は9・11ですでに崩れていましたが、崩壊がさらに明確になった。フランシス・フクヤマは冷戦終結で歴史が終わり、西側の自由民主主義的な世界観によって世界は統一されるのだと主張したわけですが、そんなことは起こらなかった。

ロシアは地図から消えない

小泉　今回の戦争によって、米国一極のもとに世界が安定しているのではなく、複数の大国がそれぞれ異なる世界観を掲げて「競争的に共存する」世界に変化したのだと思います。この侵攻でロシアが世界から孤立するようになることは間違いないですが、しかし同時に簡単にがらがらと瓦解していくとも思えません。

東　価値観が一つしかない世界にはそもそも無理があります。歴史家のエマニュエル・トッドは各国の政治体制の基礎には家族形態があると考えました。アングロサクソン系は「絶対核家族」が特徴なのですが、トッドの考えでは個人主義や自由主義はかなりその特殊な形態とつながっている。この分析が正しいとすれば、西側の「先進的」な自由民主主義の拡張が世界の一部で反発を買うのは当然です。その価値観はけっして普遍的ではなく、拙速な移植は各国の土着的な社会を壊していくことを意味するからです。現実的には、英米から見ると権威主義的だったり全体主義的であったりしても、あるていど認め合うことでしか世界秩序は成り立たないのではないでしょうか。その点で僕がいま懸念しているのは、ロシアさえ取り除けば世界に自由と平和が戻ってくるといった単純な議論が力を持ちつつあることです。

小泉　そう思います。ＳＮＳを見ていてもロシアという国そのものを憎む人が出てきていますね。それに対して、これは〝プーチンの戦争〟でありロシア文化やロシア人を憎むのはやめようと言うのは正しい。けれど、プーチンがロシア人に熱狂的に支持され、二十二年間も君臨し続けていることもまた事実です。

トッドの話に関連して言うと、実は一昨年のロシア連邦憲法の改正で、結婚は男女の営みであるという文言が入った。つまり、同性愛やＬＧＢＴの人たちの権利は認めないわけです。それに反発するリベラル層もいるものの、ロシアの過半数の人たちが持つ保守的な家族観を、プーチンが全面肯定して生まれた。おそらくロシアはいま、国内のみならず、国外でも西欧の規範への反発をすくいあげる器になっている。ヨーロッパの極右の人たちにロシアが人気なのも、日本でも右派の人たちにプーチン人気が高いのも、背景にはこのねじれたソフトパワーがあるのではないかと思います。

東　ロシアという国を葬り去ることができないのと同じで、プーチンを倒したからといってロシアが西欧的な国家として生まれ変わるわけでもない。プーチンが倒れた後も〝ロシア的なもの〟は残っていくわけで、そのことを認めずには停戦後の秩序も見えない。

小泉　〝ロシア的なもの〟とプーチンが切り離せないのは、大日本帝国がやったことと日本人が切り離せないのと同じだと思っています。私の両親は一九四〇年代終わりから五〇年代にかかるくらいに生まれた世代ですが、学生運動の時代とも近かったからか、戦時中の軍隊を今の日本人とは異質なものとして扱おうとするきらいがあります。だけど、本当はそうではないのではないか。大日本帝国陸軍のやったことはわれわれ日本人の問題でもあるということと向き合わなければ、似たような問題は何度でも顔を出しますよというのが私の持論です。ロシアの人々を理解するときもまた同じです。

〝非西欧〟としての日露

東　日本に生きるわれわれだからこそ、今回の戦争を西側諸国とは別の角度で考えることができるのではないでしょうか。ブチャの虐殺は許しがたいことですが、日本もまた第二次大戦では加害者の側で似たような過ちを犯した。現代の日本人は自分たちを文明化され、教育の行き届いた先進国だと思っていますが、他の国から見たらどうか。戦争からおよそ八十年経った今も中国、北朝鮮や韓国は日本を信用していない。

小泉　日本は七十七年前の戦争で懲りて国際秩序を守ることに努めてきましたが、ロシアの自意識はそうではありません。むしろナチスに勝ったのは自分たちロシア人であり、国際秩序を守ったのだという自負があります。ソ連は崩壊したものの、何かに敗れたわけではない。それなのに、私たちはワルシャワ条約機構を解体したのにもかかわらずなぜNATOは残っているのか、なぜ旧ソ連の勢力圏まで拡大してくるんだという素朴な反発心を持っています。

東　現在の日韓関係や日中関係のねじれを考えればわかるように、スラブ世界はこれから長い間、深い相互不信と傷を抱えていくことになるだろうと思います。日本のようにロシアもまた、ウクライナやスラブ諸国から非難され続ける国になる。逆にロシア人は戦争をなんとか正当化しようとするでしょうし、「ブチャの虐殺はなかった」といった歴史修正主義的な主張も出てくるでしょう。日本はそういう歪みを自分たちの経験として知っているはずです。むろん今のロシアに同情する必要はいっさいない。けれども、ロシア人の気持ちがわからない、異質だと切り捨てるのも単純すぎます。日本もむかしは異質だった。

小泉　近代の西欧を中心とした秩序に日本は後発国として参入していくわけですが、ロシアもまたヨーロッパの〝田舎〟だったのでアングロサクソン世界の中心にいたわけではありません。西欧近代に順応しようとしながらも、完全にはそこに入れてもらえない疎外感やコンプレックスをロシアも日本も抱えてきたと思います。中国も含めてですが、お行儀良くしておかないと西側諸国が作り上げた現在の国際秩序からはみ出してしまう。

善悪で割り切るな

東　プーチンの思想的背景として注目され、「ゲンロン」でも論考を訳出したアレクサンドル・ドゥーギンは「ユーラシア主義」の継承を提唱しています。これは戦時下で日本の知識人たちが掲げた「近代の超克」とも似た、地政学的な思想です。西側の政治コミュニティからは〝極右〟と片づけられてしまいますが、思想や哲学の歴史を研究している人間からすると、このような考えが西欧の外で現れるのは必然のように思えます。

小泉　ドゥーギンの思想を見ていると、進歩否定なんですよね。西欧的な進歩という思想に、我々は便宜的につきあっているが、実はアジアやロシアはそうではない。近代の瓦の下に古い価値観を保存していて、状況次第では、アスファルトに咲く花のようにいつでも芽吹く、というわけです。そしてドゥーギンは自分たちロシアがそのカウンターとしてアメリカ並みの帝国になるしかないと考える。

東　当たり前ですが世界は文化的に多様で、SNSでつながったからと言ってみな同じ価値観で暮らしているわけではありません。インスタグラムやツイッターで一体になったつもりになっても、そんな幻想は長続きしない。新しいテクノロジーとともに西欧の新しい価値観がやってきたときに、日本にしてもロシアにしても、テクノロジーを受け入れたうえで別の価値観を作るのでなければ生き残れないのだし、その結果出てくるものが西欧の価値観とは多少異なるとしても、それを単純な妄想とは切り捨てられないはずです。

その点では僕はこの二十年間、人類はとても傲慢だったと感じています。人類の歴史は一つのゴールに向かっている、政治もビジネスも統一するべきだ、そういう主張があまりに無批判に受け入れられてきた。だからといってプーチンの侵攻が正当化されるわけではまったくありませんが、すべてを自由民主主義で覆い尽くせるほど世界は単純ではない。そこをしっかり認識しないと、今回のような「理解できない世界秩序への叛逆」に驚き続けることになると思います。

小泉　ＬＧＢＴや同性婚の問題もその一つの例ですよね。私自身は同性カップルの結婚を認めることも、セクシャリティの多様性を認めることも大賛成ですが、ロシアのある世代以上の人たちにとっては受け入れるのが簡単ではない。もともとの家族や社会のあり方を否定されると感じる人たちが多くいる。単にそれを時代遅れというだけでは、必ずバックラッシュ（反動）が起こると思うんです。

東　同性愛やＬＧＢＴをどういった形で受け入れ、新しい家族の形を作っていくか、それは人類全体のこととしてこれから発展していくと思います。ただ、それぞれの地域によって家族形態が違う点はもう少し考慮すべきで、共同体家族形態をとるロシアのように、アングロサクソン系の核家族を基礎とした考え方と齟齬《そご》をきたす地域は必ずある。遅れている進んでいるの問題ではなく、それこそ多様性の話ですが、なかなかそうした議論はなされない。ロシアにすればアメリカ的な価値観が入ってくること自体が一種の戦争のように捉えられているんでしょう。

小泉　そもそも戦争は複雑な事象を平板に組み替えてしまう側面があります。友と敵、善い我々と悪いあいつら、のように。ポーランドは多くのウクライナ難民を受け入れて世界的に賞賛されていますが、歴史を振り返ればシリア難民は受け入れていない。

東　今はロシアが絶対悪とされＥＵ対ロシアのわかりやすい構図が強調されていますが、実はＥＵも一枚岩ではありません。ハンガリーは保守政権が続いていますし、ポーランドの地方議会ではＬＧＢＴを差別する条例が成立して問題視されている。欧州のなかにすらそのような差異があるわけで、そこは忘れてはならないと思います。

小泉　〝共生〟って一口に言っても大変です。違う文明圏の人たちと暮らすのは本当に大変で、ソ連崩壊後のロシアの人たちも、中央アジアから出稼ぎ労働者として入ってきたイスラム文化圏の人たちと出会い、生活圏を共にするようになった。モスクワの団地に住んでいても、朝早くからアザーンが流れるかと思えば、オペラも聴こえてくるわけで、それが本当の多様性ですよね。

東　プーチン政権が崩壊したとしてもロシアという国はあるのであり、僕たちはロシア人たちと付き合っていかなければならない。世界は複雑な存在であったことを、今こそ思い返すべきだと思います。

小泉　日本にもかつてのあの戦争は正しかったという人たちはいて、それでも国際社会の中で何とかうまく生きている。ロシアの言い分を認めたくないという声は、今後国際社会の中でずっと残るでしょう。それでもロシアはまったく無視するには大きすぎる。好むと好まざるとにかかわらず、ロシアを私たちが共存できる存在にもう一回していくしかないのだと思います。

II

超マニアック戦争論 ×砂川文次

開戦から八十日余り、ウクライナはロシアの侵攻に果敢な反撃を見せてきた。軍事力もはるかに劣るのに、ロシア相手に、なぜ善戦は可能だったのか。
冷戦終結後に「非対称戦」の時代到来を予想した
歴史学者のクレフェルトや
軍事学者のクラウゼヴィッツなどの議論にも触れながら、
元自衛官で芥川賞作家の砂川文次さんと考える。

（2022年5月16日）

砂川文次（すなかわ・ぶんじ）
1990年、大阪府生まれ。小説家。元自衛官。神奈川大学卒業。陸上自衛隊に入隊し、AH-1Sの操縦士として勤務。2016年、「市街戦」で文學界新人賞を受賞しデビュー。21年、「ブラックボックス」で芥川賞受賞。他の著作に『戦場のレビヤタン』『小隊』（ともに文藝春秋）など。

2014年2月21日	ウクライナのヤヌコビチ政権が崩壊、大統領が首都キーウを脱出（マイダン革命）
2月27日	ロシア軍がウクライナ領クリミア半島内の議会、マスコミ、空港などを占拠し始める
3月16日	強行された住民投票によりロシアがクリミア半島を一方的に併合
2022年2月24日	プーチン大統領がウクライナ東部での「特別軍事作戦」の実施を発表。キーウなどへのミサイル攻撃が始まる
	ロシア軍がキーウ郊外のアントノフ国際空港を襲撃。翌日、空港を占領
	ロシア軍がチョルノービリ原発を占拠
3月9日	キーウ東に位置するブロバルイでキーウ攻勢の戦いが始まる
16日	ロシア軍が南東部マリウポリで住民が多数避難する劇場を空爆
25日	ロシアのウクライナ侵攻から一カ月で、ロシア軍の死者数が七千人から一万五千人に上り、ソ連軍のアフガン侵攻の死者数に匹敵する可能性を米CNNが指摘
4月2日	ウクライナ側がキーウ州全域が「解放された」と表明
5月9日	ロシアで第二次世界大戦の対独戦勝記念日。プーチン氏は侵攻を正当化

「ロシアの尖兵中隊って強いな」

小泉　砂川さんが書かれた『小隊』を読んだ時、ロシアが北海道に攻めてくるという設定にすごく驚きました。作品が文芸誌（「文學界」）に掲載されたのは一昨年（二〇二〇年）の夏ですが、私も当時はロシアが侵略戦争を始めるとは考えもしませんでしたし。

もちろん米ソ冷戦時代には、ソ連軍の日本侵攻モノは非常にポピュラーな架空戦記のジャンルとして確立されていました。小林源文《もとふみ》さんの『バトルオーバー北海道』（一九八九年）などが代表的な作品ですね。

砂川　小林源文さんは私も読んでいました。新潟から上陸したソ連軍が東京を目指す『レイド・オン・トーキョー』が好きでしたね。

小泉　それが冷戦終結の後になると、ロシアが架空戦記のテーマになることは少なくなりました。日ロが軍事衝突を起こすとは考えにくくなったからです。砂川さんはなぜ冷戦後の現代にロシアと戦う小説をお書きになったのですか。

砂川　そもそもの『小隊』執筆の動機は、文芸における戦争の描かれ方にありました。終戦直後は別にして、現在いわゆる純文学と呼ばれる領域で描かれるのは、比喩としての戦争という印象があって、逆にエンタメにおける戦争は作品を面白くするためのスパイスとして扱われていることが多いのかなと。その中で自分は中道的というか、戦争自体にスポットを当てて、ありのままを描写してみたいと思ったんです。

小泉　どこの軍隊でもよかった？

砂川　対象の選定にあたっては、私が自衛隊在職時、北海道に駐屯した経験があるということが大きかったです。また、自衛隊の訓練で採用されていた「敵」の戦法は、主に旧ソ連を想定したものがベースだった。ある程度の土地勘もあり、ロシア軍の北海道侵攻なら書けるかなと考えてぶっこんでみた感じですね。

小泉　ぶっこみましたよね（笑）。『小隊』を読むと初っ端から「F70」「COP」などディープすぎる専門用語が、注釈も無し（註：文庫版では説明が補足される）に押し寄せてきて驚きました。一般読者には絶対にわからない単語だらけで、意図的に牽制しているかのような印象がありました。特に戦闘シーンはあまりにリアルで……。私も職業柄、長年ロシア軍をウォッチしてきましたが、「いやあ、全然わかっていなかったな」と反省したところもありましたし、同時に「ロシアの尖兵中隊ってやっぱり強いな！」と、軍事オタクとしての満足感もあった。非常に豊かな作品だと感じました。

砂川　ありがとうございます。

対戦車ヘリ操縦士の気質

小泉　ただ、気になったところもあります。作品に登場する東部軍管区[1]のロシア軍部隊は、規模・配置・展開・戦術を含めて異様なほど緻密でリアルなのですが、日本に攻めてくる「第59独立自動車化狙撃旅団」のみ、架空の部隊となっています。さらに言えば、この架空のロシアの部隊はT-90戦車[2]で進撃してくるのですが、現実の東部軍管区にT-90は配備されていません。これには何か意図が？

砂川　答え方が難しいですね。実は、軍隊の戦術や戦法はかなり概念化されていて、具体名を伴った戦力が設定されていないんです。そうなると、個別の兵器や部隊の名称こそ、書き手の想像力が発揮できる、唯一の場所になる。そう思ったんですよね。

小泉　砂川さんは自衛隊在職時、対戦車ヘリコプター「AH-1Sコブラ[3]」のパイロットだったと伺いました。元陸将で軍事研究家の山口昇さんという方がいらっしゃいますが、彼も対戦車ヘリの操縦士でしたよね。

砂川　そうですね。同じコブラのパイロットです。

小泉　山口さんは元イギリス陸軍大将であるルパート・スミスの著書『軍事力の効用』の日本語版を監修されるなど、〝陸自の頭脳派〟とされています。山口さんに限らず、対戦車ヘリの方々は頭脳派のイメージが強いのですが、特有の気質を生み出す土壌があるのでしょうか。

砂川　ありますね！　わかりやすい例が「火力調整会議」でしょうか。正面の敵を破砕するために、敵を攻撃する火力をどのように配当するかを決めるものです。ここからはマニアックな話になりますが、火力と言っても色々あって、例えば方面火力と、師・旅団[4]の裁量で配当できる直協、直接火力に分かれている。

荒れる「火力調整会議」

小泉　方面火力は、方面隊[5]が持っている口径の大きな榴弾砲が代表的ですね。「203（ミリ自走榴弾砲）」とか。直接火力は、第一線で使用する迫撃砲などがあります。

砂川　この火力調整会議が、かなり荒れるんですよ（苦笑）。自衛隊も一枚岩ではありませんから。方面と師・旅団での対立はもちろん、方面火力の中でも、航空火力と地上火力が対立しています。「うちの火力をこう使え！」と各々が主張して、会議が紛糾する。

対戦車ヘリは希少な火力になるので、各要求を踏まえ、限られたリソースをいかに上手く使うかに心を砕くのです。

小泉　それはリアルな話ですねえ。やっぱり対戦車ヘリって、砲兵の延長なんですね。

砂川　そういう気質、矜持を持っている操縦士は多かったですね。

小泉　軍事史の本を読んでいると、砲兵というのはギルドみたいな特殊な集団だったとよく指摘されているんです。まず大砲というテクノロジーを使って戦うわけだし、その大砲の弾がどこに落ちるのかは完全に数学の問題だし。

砂川　だから、理詰めで考える人が多いのでしょうね。

小泉　自衛隊の人を見ていると、それぞれの所属先によって気質が違うように見えるんですよね。潜水艦乗りはロシアの潜水艦乗りにシンパシーがあるし、対潜哨戒機[6]のＰ３Ｃ乗りは、韓国のＰ３Ｃ乗りに共感を抱いている感じがします。

逆に、同じ対潜水艦部隊でも、船と航空ではバチバチのライバル意識があると聞きます。水雷屋さん（魚雷や機雷を運用する職種）が、哨戒機乗りに向かって、「あいつら、どうせ家に帰ったらビール飲めんだろ！」と嘲っていたり。

砂川　ハハハ。

小泉　日本の純文学が戦争や軍隊を緻密に描けないのは、そういうリアリティをわかっていないからじゃないんですかね。まあ、火力調整会議なんて元自衛官でもない限り、誰もわからないと思いますが。

砂川　もう一つ、自衛隊のリアルを挙げるなら、第一線の部隊の人間って、国際情勢とか、あんまり難しいことは考えていないんですよ。ロシアがどうだとか、北朝鮮がどうだとかは興味がない。私も「次の休みは何するかな」ってことが、隊員生活において一番重要でした。

小泉　皆さん、いい意味で「職業人」なんだと思います。

砂川　精神よりも肉体が重要といいますか。どこの国でも似たようなところがあると思います。幹部候補生学校時代に、韓国の陸軍士官学校まで研修に行ったことがありました。研修では、互いがどういった訓練をしているかをプレゼンするのですが、自衛隊の百キロ行軍のスライドが出てきた時、向こうの士官候補生たちが明らかに「あーっ！」みたいな顔をしたんですよね（笑）。

小泉　ほう。

砂川　日本の陸自と同じように、韓国の陸軍も訓練に百キロ行軍を取り入れているらしくて。国家や民族の垣根を越えた、肉体としての共感みたいなものがありました。

本物の軍人はグダグダ喋らない

小泉　よくわかります。モスクワ駐在の陸自武官と飲んだことがあるのですが、「この前、ロシア軍の工兵の演習を見に行ったんですけど、やっぱり日本と一緒なんですよ！」って、すごく嬉しそうに話すんですよね。「基本爆破があって、戦闘爆破があって……」みたいな。

砂川　職種の魂が出てしまう。

小泉　爆弾の扱い方、飛行機の飛ばし方……軍人はそれぞれの手触りの中で戦争や軍事のことを考えている。国家がどうだとか崇高な理念を語るのは、三島由紀夫的な世界観だと思うんです。文学の中の軍人は喋り過ぎなんですよ。「本物の軍人ってこんなことをグダグダ言わないよな」と思っていました。

砂川　自衛隊を辞めた今だから言えるのですが、ナショナリスティックな感情で中国やロシアを敵視する隊員は一定数いました。だからこそ、国同士の軍事レベルの交流はすごく価値があると思います。韓国研修は日韓関係が悪化した際に一時中止されてしまったのですが、卒業生としては寂しかったですね。

小泉　軍事レベルでの交流ができていれば、どこかの国と戦争が起きても、少なくとも兵隊同士は憎みあわずに済む。ある種の矜持をもって相手に向き合えるかもしれませんね。ただ、ロシアとウクライナもかつて軍事交流を盛んにおこなっていましたが、現在の戦争では現場レベルで強烈な憎悪が渦巻いている。非常に残念なところです。

砂川　『小隊』が話題になってから、軍事関連のお仕事をいただくことが増えました。先日は航空専門誌「航空ファン」から取材を受けたのですが、バックナンバーの表紙に「ハインド（ミル24）[7]」の写真が大きく使われていて驚きました。今回の侵攻でウクライナ軍に撃墜されている映像が話題になった、ロシアの攻撃ヘリコプターです。

小泉　旧ソ連諸国の標準装備ですよね。

砂川　攻撃の他に、人も乗せて移動することができる。上陸部隊を空から火力で支援しつつ、歩兵を送り込むという発想です。

小泉　そうそう。戦闘と輸送の役割を同時に担っているのが、ハインドの面白いところです。設計は輸送ヘリの「ミル8」をベースにして、胴体の中央部に兵士をのせるキャビンを残しているので、最大で八名の歩兵を収容できる。目的地に着いたら、横のドアをパカッと開けて歩兵が降りてくるんですね。

兵器に見るロシアのドクトリン

砂川　ハインドについては、ずっと不思議に思っていたことがあります。もし私がハインドの操縦士だったら、操縦と射撃に加えて、後部から兵士を降ろすタスクまで担うということですよね。西側の軍隊では、兵士を輸送するヘリには、護衛するヘリがつくことになっている。兵士が地上に降りている間は、もう片方が援護する形になります。ロシアの場合はそれを一機でやろうとするから、パイロットは相当気を使うことになる。ハインドの設計思想がどうなっているのか、ずっと疑問でした。

小泉　ロシア軍って、輸送ヘリを妙に重武装させたがるんですよ。彼らとしては、兵士を降ろす前に可能な限り敵を叩いておきたいのでしょうね。もしくは、武装ヘリがついていない状況でも何らかのミッションを果たせるようにしたい。新型のミル８ＡＭＴＳｈも重武装なので、ロシアの軍事ドクトリンとしては、そういう設計に何らかのメリットを感じているのでしょう。輸送機でさえ爆弾を積んで着陸地点を叩く訓練をしています。

砂川　やはり国ごとに戦法の違いが出るのでしょうね。

小泉　ただ、ロシアの空挺部隊は、ウクライナ戦争で実力を発揮できずにいます。開戦当日、ロシア軍はいきなりヘリボーン（ヘリコプターで部隊を降着させる）攻撃を仕掛けた。キーウ（キエフ）の西側にあるアントノフ国際空港を圧《お》さえようと、二十機くらいで一気に突っ込んでいったのです。まだ制空権もとれていない中での強襲ヘリボーン作戦でした。当然ながら、地上で待ち構えていたウクライナ軍に返り討ちにされた。

それでも多大な犠牲を出した末に空港を占領しましたが、ロシア軍がキーウ周辺の攻略を放棄したため撤退することになった。撤退後は明らかに虐殺されたと見られるウクライナ市民の死体が転がっているわけです。まるで中世の戦争に逆戻りしたような印象さえ受けるのですが……。砂川さんはどう見ていますか？

ウクライナ攻勢の理由

砂川　そういう話になると思って、一冊の本を持ってきました。イスラエルの歴史学者、マーチン・ファン・クレフェルトの著書『戦争の変遷』です。冷戦終結後まもなく書かれたものですが、新しい時代の戦争は「国家対国家」ではなくなると予想している。これまでは国の正規軍同士の対称戦が主だったが、これからはゲリラやテロリストなどの非国家主体を相手にする「非対称戦」が行われることになると。実際、クレフェルトの予想は的中しました。二十一世紀の安全保障界隈では「非対称戦争をいかに制するか」の議論が盛んになされていた。しかし今度の戦争は双方が国家です。十九世紀や二十世紀の戦争がまたと思いましたが、でも、国家でない集団との戦争に焦点を当てたこの本の価値はなくなっていないのかな、と。

小泉　なるほど。

砂川　というのも、国力や軍事力を比較すると、大きな非対称性があるからです。火力点数や装甲戦闘車の車両点数に注目すると、ウクライナ軍とロシア軍には大きな差がある。開戦当初、組織的な防御行動をとるには不十分に思われたけれども、現状は、ロシアよりはるかに格下と思われていたウクライナが善戦していますよね。これは彼らが非対称戦法として有効な戦術、ゲリラ戦などを上手く活用しているからではないかと私は考えています。

小泉　ウクライナは地の利もあって、序盤からかなり健闘していました。まずキーウ周辺の地理的特徴を見ると、森林と湿地が広がっている。プリピャチ湿地です。湿地帯では重戦力を路外で機動させられないため、ロシア軍は道路の上を進んでいくしかない。それに対して、ウクライナ軍はバギーで森の中を自由自在に移動しながら、ヒットエンドラン戦法をとっていました。

砂川　遊撃的に戦っていた、ということですね。

小泉　ほとんどゲリラ戦の戦い方に近いです。毛沢東が『抗日遊撃戦争論』でも書いていますが、ゲリラ戦の神髄は、いかに国民の支持を取り付けるかということ。国民が味方になってくれれば、ゲリラの戦士は生まれてくるし、物資や敵の情報を渡してくれたりもする。市民のハーツ・アンド・マインズの争奪戦なんですね。その争奪戦においてウクライナは成功している。ロシアの侵略に抵抗するという明らかな理由があるので、今回のウクライナはこの点で非常に優位にある。

ゲラシモフ、見ているか！

砂川　ロシア側は国民の支持を取り付けることに失敗していますね。

小泉　ロシアの場合は戦争の正当な目的がないため、「ロシア系の住民が虐殺されている」「ウクライナが核兵器を作っている」といった虚偽の言説をでっち上げて誤魔化し続けているわけです。プーチンが、これは戦争ではなく「特別軍事作戦」だとしているのも方便です。そのため国民の熱狂を掻き立てられず、全ての資源を戦争に動員できていない。

クラウゼヴィッツは『戦争論』の中で戦争を成り立たせるための「戦争の三位一体」は、政治・軍隊・国民であると述べました。このうち、国民は戦争を支持する熱狂の媒介みたいなものと位置付けられています。ロシアの戦争には国民が不在で、従って熱狂がない。

一方でウクライナは、公然たるロシアの侵略に抵抗する政治目的が明確で、国民は祖国防衛戦争として戦争に協力している。軍隊は少し弱くとも二十万人からなる軍で、旧ソ連では二位の軍事力を誇る。今回、ウクライナには「三位一体」がそろったわけです。

砂川　まさにクレフェルトが書いているのですが、《自軍の規則に違反し、罪を犯す。罪を隠蔽しようと嘘をつかねばならなくなり、軍隊の法と正義の体系は根底から崩れ、指揮系統はゆがみ、不信感が足元に広がる》。この一節などは今のロシアに当てはまるのではないかと。

小泉　「ゲラシモフ（ロシア軍参謀総長）、見ているか！」っていう感じですよね。

近代国民国家になろうとしているウクライナ

小泉　この三十年あまり非対称的な戦争ばかりだったので、いざ大規模国家間戦争となると様々な問題が露呈するのは、おそらくロシア軍に限ったことではない。一方でそれにしても、ロシア軍は闘い方の基本の〝き〟を踏み外しているように見えます。戦争を始めたのがプーチンで間違いなくとも、誰が戦争のグランドデザインを描いたのか、具体的な侵攻計画はどうやって作られたのか、参謀本部と大統領の関係はどうだったのか、知られざるドラマがあるはずです。

砂川　ロシア軍がここまでの醜態をさらしたのは意外でした。二〇一四年のクリミア侵攻の際、通信や交通を遮断し情報操作をして、あっという間に半島を制圧したときには、その素早い攻略に驚いたものです。まるでイタリア人作家のクルツィオ・マラパルテが書いた名著『クーデターの技術』[8]、あれをそのまま実行したのではないかと思ったほど鮮やかな手際でした。それが一転、現在戦況は膠着状態に陥っていて、長期化するのではないかという予測も出てきた。

小泉　クラウゼヴィッツが「暴力は一回行使すると絶対に極限までエスカレートする」というテーゼを掲げていますね。戦争は相手にいうことを聞かせるのに、十分な規模の暴力行使で始まるが、敵は必ず暴力で応酬してくるので、相手を打倒しないかぎり、自分のほうが打倒されるのではないかと常に恐れる状態になる。それが双方に発生するので、理論的には極限まで暴力がエスカレートするというわけです。

砂川　自軍が死ぬほど、それが何のための死だったかわからなくなるので、ロシア側も、それに対抗するウクライナ側も戦いを止《や》められなくなっていく。

小泉　しかも、ロシア軍は一枚岩ではありません。プーチンはスラブ民族中心的な動機から今回の戦争を始めましたが、軍隊の内実を見ると、チェチェンの私兵や東部軍管区のアジア系の兵士など、様々な勢力を突っ込んでいる。帝国主義的な野望のために辺境の民を動員している、という感じもしてしまいます。

一方で、面積も広大で様々なアイデンティティが混じり合うウクライナは、ナショナル・アイデンティティが希薄だと言われてきたわけですが、プーチンの帝国的な侵略によって、いままさに近代国民国家になろうとしているように見えます。歴史の針が一世紀、二世紀も巻き戻っているようです。

砂川　ソ連は一九七九年にアフガン侵攻を行いましたが、十年近い泥沼の戦争を続けた末に撤退しています。今回のウクライナ侵攻も同じ道を歩んでいるのではないかと思ってしまいます。

小泉　アフガン侵攻は最も悲惨な記憶として、ロシアの歴史に刻まれています。国民的トラウマと言ってもいい。十年間も泥沼で這いずり回った末に、一万五千人の戦死者を出したとされています。

しかし、今回の戦死者数は西側の情報によれば、アフガン侵攻と同等か、それを上回ろうとしている。現在、ロシア兵の遺体が続々と祖国に運ばれているそうです。ロシア軍では遺体のことを「貨物２００」と言うんです。遺体を棺に入れて一式にすると二百キロになるからですが、それがバンバン帰って来ている。今はまだプーチンのメディア・コントロールという麻酔が効いていますが、この現実に国民が気づいた時、怒りがプーチンに向かうのか、はたまたアメリカに向かうのか。そこが一つの分水嶺になるかもしれません。

ロシアの弱点は国土の広さ

砂川　ロシアの人口は約一億四千万人と、日本よりも若干多い程度ですが、その中で様々な民族が混ざりあって生活しています。この国をまとめあげるのは相当難しいのではないでしょうか。

小泉　絶対に大変なはずです。第一、ロシア人って他人の言うことを全然聞かないんですよ。さらに、砂川さんのおっしゃるようにロシアは多民族国家です。宗教ではロシア正教のイメージが強いですが、その他にも一千万人以上のイスラム教徒や、数十万人の仏教徒を抱えている。これまでの戦争でも、キリスト教の従軍司祭、イスラム教の従軍ウラマー（イスラム法学者）、仏教の従軍僧がロシア軍に同行するのが見られました。一つのアイデンティティを掲げてロシアという国をまとめるのは、不可能に近いのです。

砂川　そうなると、国を統治するためには権威主義的に、強い力で強制的にねじ伏せるしかなくなるということですか？

小泉　そうですね。少なくともロシア人自身が、我々には権威主義的な統治方法が向くのだと思っている部分があると思います。

　ロシアの最も致命的な点は、国土が広すぎることなんです。地球でいちばんデカい国。面積にして約一千七百十万平方キロメートルですが、これは冥王星の表面積と同じくらいなんですよ。ドストエフスキーの時代からロシアでずっと言われてきたのは、「この国は広すぎるからうまくいかない」と。

砂川　冥王星と同じとは！

小泉　あんなバカでかい、非ロシア的な空間まで全て領土にしてしまったために、ロシアはヨーロッパの仲間に入ることができず、異質なものとしてあり続けているのだと、ロシアのインテリは嘆いてきたわけです。個人的には、勝手な理由をつけて他民族の領土を侵略しておきながら、嘆きもクソもないと思いますけどね。

サハリンで出会った父似の男

砂川　ドストエフスキーなんかを読んでいると、「愛国心」という単語が頻繁に出てきますよね。しかし小泉さんのお話を聞いていると、ロシア人にとっての愛国心は、日本で言う「県民性」や「郷土愛」に近いのかもしれないと思いました。例えばサハリンなどは、モスクワからかなり離れていますし。

小泉　おっしゃる通りです。サハリン州の人口は約四十八万人で、僕の出身地である千葉県松戸市と同じくらいの規模です。その人口の何割かを朝鮮系が占めている。彼らの祖先の多くは大日本帝国の時代に「日本人」として入植した人達です。

砂川　南樺太（サハリン南部）が日本の領土だった時代ですね。

小泉　そうです。その二世や三世が、今も生活しています。だからサハリンの街を歩くと、日本人と同じ顔をした人達があちらこちらにいるんですよ。一番驚いたのは、空港からタクシーに乗ったら、運転手が僕のオヤジとそっくりだったこと。

砂川　ハハハ。

小泉　だから、プーチンが「スラブ民族を統一する！」って叫んだからといって、サハリンの人達が共感を示すとは到底思えません。国家というと一枚岩のモノリスのように捉えられがちですが、実際はもっと複雑なものなのです。

砂川　報道を見ていると、「この戦争におけるロシアの目的はこうだ」「アメリカはこんな利益を得るはずだ」など様々な憶測がなされていますが、そうやって戦争を単純化して見るのは、ちょっと違うのではないかと、私も思うんです。

小泉　人間って、それほど合理的な生き物ではありませんよね。先ほど砂川さんが紹介された『戦争の変遷』は、人間の非合理性を的確に突いています。この本でクレフェルトは、ヨーロッパの戦争の歴史を遡り、非合理的な戦争のほうが多かったと言っている。人間は政治的な目的追求のためだけに戦争をやってきたわけでは決してなくて、スポーツの延長だったり、目的達成から見れば不必要なくらいに人間を殺したりする。プラスマイナスを考えながら、人間が戦争をしていると思ったら大間違いなのだと。

『地下室の手記』はギャグ？

砂川　『戦争の変遷』を読んでいる時に思い出したのが、ドストエフスキーの『地下室の手記』でした。個人的にあれはギャグ小説だと思っていて（笑）、木っ端役人が地下室に閉じこもり、自分の思念を滔々と日記に書きつけていくという話ですね。日記には《人間がわざと意識して、自分のために有害な、おろかなこと、いや、愚にもつかぬことを望む場合だって、たしかにあるのである》といったフレーズが登場するんですが、この部分なんかはまさに『戦争の変遷』に書かれている人間の非合理性とつながるな、と。さらに付け加えると、自分が支えにしてきた思想や理念がだんだんと覚束なくなり、ついに非合理的な選択をしてしまう。社会主義という大きな理念を失い、暴走を続ける今のロシアと重なるような気がしました。

小泉　確かに……信じるものがなくなった時に、全力で破滅に向かって走り出してしまう傾向が、ロシア人にはあるような気がします。ドストエフスキーをギャグ小説とおっしゃいましたが、絶妙な表現だと思います。ドストエフスキーって、巷では重厚なロシア文学の代表みたいに言われていますけど、実際に読んでみると、ラノベ感、ありません？モスクワにドストエフスキーの銅像があって、苦悩するように俯いて座っているのですが、その姿がすごく面白くて。

砂川　二日酔いみたいな。

小泉　そう。しかもその肩に鳩の糞がたくさん落ちているという。思うに、ドストエフスキーはあえて、ギャグっぽさを演じていたところがあるのではないでしょうか。

砂川　ホントに笑えるんですよね、ドストエフスキーって。

小泉　「寄る辺がなくなった苦悩する我々」というものを真面目に考えすぎると、破滅に向かっていく主人公になってしまう。だから少し視点を引いて、人間の苦悩をシニカルに描いたのではと。自らの状況を一歩下がって楽しむことができれば、意外と人類は悪くないんじゃないか。ドストエフスキーは閉塞的なポストモダンの世界を生き抜く知恵を与えてくれている気がします。それこそがロシアが世界に誇る叡智だと思うんですけれどね。

註

（1）ロシアの陸海空軍の大部分はロシア全土を五つに区切った軍管区ごとに統合戦略コマンドと呼ばれる統合部隊を編成しており、それぞれが完結した作戦を行う能力を有する。東部軍管区（司令部：ハバロフスク）、中央軍管区（司令部：エカテリンブルク）、北方艦隊軍管区（司令部：セヴェロモルスク）、西部軍管区（司令部：サンクトペテルブルク）、南部軍管区（司令部：ロストフ・ナ・ドヌー）。

（2）ソビエト連邦、ロシア連邦が開発した第三世代主力戦車。湾岸戦争で著しく低下したT‐72をはじめとするロシア製兵器の評価を挽回するために開発されたモデル。ロシアでの愛称は「ウラジーミル」。

（3）世界初の本格的な攻撃ヘリコプター。乗員二人。前席に射撃手、後席に操縦士が縦一列に搭乗し、機首下に機関砲を搭載する。

（4）軍隊の部隊編成単位で主たる作戦単位。陸軍編成上の最小ユニットである旅団は千五百人から六千人程度の兵員で構成される。師団は旅団より大きく、歩兵部隊、戦車部隊、航空部隊などの混成部隊となって、ある一定の期間、他の部隊の助けなしで独立した運用能力を持った最小の軍事作戦行動ユニットのことを指す。ちなみに、同一兵科で編成された最も大きな部隊が連隊。

（5）陸上自衛隊における戦略単位の性格を持つ部隊単位。

（6）対潜水艦戦を重視して設計された航空機。

（7）ソ連のミル設計局で開発された攻撃ヘリコプター。ＮＡＴＯの命名したコードネームが「ハインド（雌アカシカの意）」。

（8）いかに権力を奪取し、それを防御するかについて、十九世紀から二十世紀にかけての欧州の事例をもとに歴史的に分析した一九三三年の著作。

Ⅲ

ウクライナ戦争　百日間を振り返る　×高橋杉雄

分散化する空爆対象、地上部隊と航空部隊の連携欠如、現場司令官の不在。当初はロシアの「不可解な作戦」が際立ったが、五月に入ってからロシアが主導権を取り戻し、東部セベロドネツクで激しい衝突が続いた。なぜロシアは盛り返したのか、核使用のリスクは。ウクライナ戦争の百日間を振り返る。

（2022年5月7日・27日）

朝日新聞提供

高橋杉雄（たかはし・すぎお）
1972年、神奈川県生まれ。防衛省防衛研究所防衛政策研究室長。早稲田大学大学院政治学研究科修士課程修了、ジョージワシントン大学コロンビアンスクール修士課程修了。専門は現代軍事戦略論、日米関係論。共著に『新たなミサイル軍拡競争と日本の防衛』（並木書房）、『「核の忘却」の終わり：核兵器復権の時代』（勁草書房）など。

2022年2月24日	プーチン大統領がウクライナ東部での「特別軍事作戦」の実施を発表
3月9日	ロシア軍がウクライナ南東部マリウポリの産科病院を攻撃、妊婦ら死傷
16日	ロシア軍がマリウポリの避難所となっている劇場を空爆
4月2日	ウクライナ側がキーウ州全域が「解放された」と表明
3日	キーウ近郊のブチャなどで民間人殺害が判明し、ゼレンスキー大統領が「ジェノサイド」と非難
8日	ロシア軍が東部ドネツク州のクラマトルスクの鉄道駅をミサイル攻撃
9日	ウクライナ侵攻の総司令官に、アレクサンドル・ドボルニコフ上級大将が任命される
18日	ゼレンスキー氏が東部ドンバス地方へのロシア軍の本格攻勢が始まったと表明
21日	ロシアのショイグ国防相がマリウポリを掌握したとプーチン氏に報告。プーチン氏はウクライナ兵の拠点であり、市民が避難する製鉄所「アゾフスターリ」への攻撃の中止を命じる
5月7日	ロシア国防省、ウクライナ東部ルハンシク州のポパスナを制圧と主張
13日	ウクライナ北東部ハルキウからロシア軍が完全撤退することを決断したとの分析が公表される
14日	ウクライナ軍、ハルキウ州イジュームで反撃開始
20日	ロシア国防省がマリウポリを完全に制圧したと宣言
25日	ロシア軍、ドンバス地方のウクライナ側が拠点とするセベロドネツク市とリシチャンスク市に激しい攻撃

空爆と地上侵攻の同時並行の評価は？

高橋　ロシアがウクライナに侵攻してから七十日あまりが経過しました。ここまでの両者の戦いをどう見るのか。ロシアがキーウ攻略を試みるまでの第一段階と第二段階への移行、さらに今という、大方に共有されているフェーズに区切って話をしてみようと思います。小泉さん、いわゆる第一段階の評価はどうでしょうか。

小泉　まず、ロシアが第一段階、第二段階というフェーズ分けを考えていたのかという問題があるのが、ちょっと厄介ですよね。おそらくそういうものは考えておらず、短い簡単な戦争で終わると思って始めたようにしか見えないですから。

第一段階と言われるものは二月二十四日に始まっているわけですが、始まった空爆が数日間続くのかと思ったら地上部隊が越境してきた。しかも十五万くらいしかいない兵力をかなり分散し、北部からも南部からも東部からも同時に攻めてきた。そのため大きな衝撃力を発揮できなかったように見えます。

戦史研究家の大木毅先生が、ソ連の軍事思想の中には複数の攻勢軸をつくって相互に躍進しながら進んでいくという考え方があるにはある、と指摘しています。複数の攻勢軸をつくること自体はおかしくないのだけれども、それはダイナミックなものでなければならず、複数の攻撃軸が刺激し合いながら最終的に主攻撃軸がつくられていかなければいけないのに、そういうものが全くなかった。平板に各正面から押していっただけで、どの正面も攻撃力を失ってしまった、と。私もその通りだと思います。

ウクライナ軍がある程度大きな兵力を持っていること自体はロシアも知っていたわけですから、それにもかかわらずこのような作戦を取ったのだとすると、ウクライナ軍の抵抗があまり頑強ではないだろうという前提で始めて失敗したのが第一段階ではないか。それが僕の評価です。

高橋　空爆と地上侵攻を同時並行で行ったのは、現代戦ではイラク戦争があります。イラク戦争の場合は、湾岸戦争でイラクは既に叩き潰されていて、その後の飛行禁止区域作戦によってイラク空軍が事実上、作戦能力を失っている状況で始まりました。それでも、当時の統合参謀本部は何週間も空爆を行ってから地上侵攻しようと主張しました。しかしそれはドナルド・ラムズフェルド国防長官に却下され、空爆と地上侵攻の同時進行になったわけです。あと、冷戦期に仮にヨーロッパでＮＡＴＯとワルシャワ条約機構軍の全面戦闘が起こっていたとしたら、航空戦と地上戦は同時進行になっていたと思うので、私はそのこと自体は驚くほどではないと感じています。

もう一つ、ロシアとウクライナの地理的条件を見たときに、ロシア軍が取り囲んで進撃する外線包囲作戦を取るのはある種、当然だと思うのです。ただし、統一司令官は必要だったでしょうね。全体の作戦行動を参謀本部で十分管理できていないという大きな問題は、確かにあったと言えそうです。

小泉　イラク戦争の事例はおっしゃる通りですね。ただ、今回投入されたウクライナ軍とロシア軍の兵力がほぼ同等なら、ロシアの最大の強みは航空戦力と火力だったと言えるでしょう。それにもかかわらず、それを十全に活用しなかったのは何故なのか。その疑問が依然として残るように思います。

古い戦争に適応しきれなかった大隊戦術グループ

高橋　その関連で一つ気になっていることがあります。現在のロシア軍は大隊戦術グループ[1]（ＢＴＧ）が中心になっています。このロシア軍の編成について、ＮＡＴＯでは、大隊レベルの火力でＮＡＴＯ側が劣勢にあることが、バルト三国侵攻シナリオで大きな問題になるのではないかと懸念されてきました。一方でアメリカでもイラク戦争、アフガン戦争を経て、師団ではなく旅団戦闘チーム（BCT）[2]という形で戦闘単位を小さくしてきた。米ロ双方で進んできたこの流れをコンパクト化と呼ぶことができます。

そのような世界的なトレンドの中でいきなり二十世紀スタイルの重戦闘が起きたので、コンパクト化した戦術単位がこれに適応しきれていなかった気がしています。ロシアウォッチャーの小泉さんとしてはどう見ますか。

小泉　そもそも大隊戦術グループ（BTG）は、二〇〇〇年代末のアナトリー・セルジュコフ国防相時代（二〇〇七～一二）の軍事改革の目玉の一つでした。

大隊戦術グループの基本発想は、ロシア軍全軍が常時即応状態にないという前提から出発している。当時、ニコライ・マカロフ参謀総長（二〇〇八～一二）が言っていたのは、チェチェンなどでは一個師団のうち一個連隊くらいしか戦闘に加入させられていないということでした。砲兵などの戦闘支援部隊の人員が足りていないので、師団が持っている直轄兵力から連隊戦闘団を編成しようとしても、隷下の四個連隊が全部には行きわたらず、一個しか投入できない状況だった。それなら最初から一個連隊分の諸兵科連合だけ作っておけばいい、というのがマカロフ参謀総長の考えでした。

大規模な戦争になったら困るけど、もうそんな戦争しないでしょという前提から、旅団をつくり、その中に大隊戦術グループをつくるという発想だった。発想としてはアメリカの旅団戦闘チームと似ています。

　問題はご指摘の通りで、冷戦後の安全保障の現実にあわせようとした軍の編成で非常に古臭い戦争を始めてしまったこと。それが、ロシア軍のうまくいっていない理由ではないかと思います。

高橋　アメリカ軍が陸上部隊の小型モジュール化を進めていく大きな理由になったのが、一九九九年のコソボ空爆の時に攻撃ヘリコプター「AH-64アパッチ[3]」の派遣を巡[4]って起きた事件でした。アパッチだけを切り離して送り込むことができず、機械化歩兵部隊を含め五千人を派遣する必要がありました。同じようなことをロシアも経験していたというのは、興味深いですね。

小泉　さすがにヨーロッパ平原で機甲師団[5]が殴り合うなんてもうないでしょ、とみんな何となく腹の底で思っていたわけです。イギリスの第1機甲師団の師団長として湾岸戦争に参加したルパート・スミスという将軍が二〇〇〇年代に書いた本の中に、〃もうNATOの戦車は戦車戦なんかしていない。パイプラインの警備をしている〃とありました。つい最近までヨーロッパの軍人たちは東側も西側もこのようなことを考えていた。

そこへ突然、ウラジーミル・プーチンが「ロシアとウクライナは一つだ」と言って、教科書に書いてあるような大戦争を始めてしまった。ロシア軍としても、かなり想定外の部分があったのではないかと思います。

ウクライナの軍改革

高橋　ウクライナ軍はその種の軍制改革をしていなかったのでしょうか。

小泉　二〇一四年にロシアが攻めてくるまでは、ロシア以上に軍事力は縮小する方針でした。二〇一三年秋を最後に徴兵も取りやめた。ところが半年も経たないうちにロシア軍が攻めてきたので、動員が行われました。さらに徴兵制も再開され、平時の兵力を膨らませ、とりあえずロシアの侵略をおしとどめた格好です。

そのあとの八年間でウクライナはかなり改革を進めてきました。目の前でロシアや親ロ派武装勢力と戦っているので、リアルに物事を認識していたと思いますが、これだけの規模の侵略は果たしてどのくらい想定できていたのか。今回、ドンバスでロシア軍の動きがとまっているのは、事前にあのあたりがかなり要塞化されていたからではないかと言われているので、ある程度は想定していたのでしょうけれども。

高橋　ウクライナ軍は火砲の数で言えば陸上自衛隊よりも多い。口径も大きい。こちらはこちらで、旧ソ連陸軍の正統的な後継者なのだなという感じがします。

小泉　一九九〇年代や二〇〇〇年代のウクライナ軍改革の議論を見ていると、ロシアとそっくりなんです。大戦争はさすがにないのだから軍を削れと政治の側が言うと、将軍たちが「いつかはあるかもしれないから、火砲は最低何門保持したい、戦車は何両保持したい」と主張し、「そんなに要らないから！」という議論が繰り返される。ロシアでもウクライナでも同じことが起きていた。

しかし二〇一四年に「ない」と言われていたことが起きて、ロシア軍が攻めてきた。このとき、あるロシアの軍事専門家が「やっぱりコンパクトな軍隊は幻想だった」と書いていたのを覚えていますが、もともと軍隊はある程度規模がないとダメだし、動員予備力もなければいけないし、古くてもいいから兵器を取っておかないと動員した人々も稼働させられない。古臭い、昔から将軍たちが唱えてきたようなことを、ロシアが自己成就予言的に実現してしまったのが、二〇一四年と二〇二二年なのかなという気がします。

予測できない将来戦

高橋　ウクライナがロシアを食い止めるためにアメリカから大量供与された対戦車ミサイル「ジャベリン」についても、二十年くらい前は戦車相手に使うような時代遅れで高額な兵器なんてやめるべきだという議論がアメリカの中であり、米国のシンクタンクの私の友人たちも同様のことを言っていました。そういうことを考えると、将来戦は予測できないとはっきりと思います。

小泉　戦争は「意図×能力」の結果起きるものだけれど、意図のほうが図れないので能力で計算するのだと言うじゃないですか。

私は大学院生の時に、だからと言って意図を無視して物事を考えたらとんでもないことになっちゃうでしょ、と反発を覚えもしたのですが、こういう事態を見てみると、能力が実際にある限りは、誰かの意図が変わる可能性を常に想定しなければならないと実感します。

高橋　湾岸戦争からイラク戦争まで米軍はハイテク陸上戦争を戦うつもりでやってきましたが、結局イラク戦争のフェーズ2は内乱鎮圧作戦になっていて、ハイテク兵器の出番はほとんどなかった。今回、二十一世紀型の戦争に順応していたはずのロシア軍が二十世紀型の戦争に引き戻されてしまったわけですが、おそらくＮＡＴＯが本格的な陸戦を戦うことになっても同じような問題が生じただろうと思います。

小泉　将来の戦争を予見することがいかに難しいかということですよね。イスラエルの歴史学者マーチン・ファン・クレフェルトが、冷戦の終わりに著書『戦争の変遷』の中で、将来の戦争は近代以前の戦争に戻っていくと言っている。最近でもアメリカの国防大学のショーン・マクフェイトが同じような話をしている。

ロシア軍の中でも、依然として独ソ戦のような戦争に備えなければいけないと言う人もいれば、とにかくハイテクに投資すべしみたいな人もいるし、あるいはプロパガンダとテロを使って戦争を起こさずして敵国を瓦解させられると主張する人々もいます。

結果的に二十一世紀の現在にこういう戦争が復活してきたのを見ると、いろいろな戦争の形態がある中で、ある形態からある形態に移り変わって行くというよりは、その時代に取り得る戦争の幅が広がったり縮んだりする、スペクトラムなものであるという印象を受けます。

近代的軍隊とは思えない蛮行

高橋　この戦争には若干、中世的、前近代的な側面も見られます。

小泉　まさに第二段階のブチャで行われた蛮行ですよね。

しかも、その構図が皮肉です。プーチンという白人の独裁者が、ロシア人とウクライナ人とベラルーシ人は同じ白人のスラブで三位一体だと主張して戦争を始めたのだけれども、キーウ攻めに投入されたのは東部軍管区の第35軍や第36軍。極東の部隊なので兵士の中にもアジア系が多く、キーウ周辺で狼藉を働いた兵士の中にもアジア系が多かったと言われている。

そこで現地の兵士たちが近代の軍隊とは思えないような振る舞いをした。日本もドイツも近代的軍隊とは思えないようなひどいことを行ったわけですが、今回はそれに輪をかけてひどい。略奪して性的に暴行して家財を奪って「戦利品だぞ」と言って家族に送るというのは、とても現代の軍隊とは思えません。

高橋　二十一世紀を目前に『Greed and Grievance』（Mats Berdal and David M. Malone, Greed and Grievance: Economic Agendas in Civil Wars《Lynne Rienner, 2000》）というアフリカの紛争に関する研究書が出ているのですが、その中で、アフリカでは、政治の延長ではなく、経済活動の延長としての紛争が行われていると指摘されています。たとえばアフリカの紛争では、紛争状態であれば援助が入ってくるので、援助を得るためとか、略奪を行うためといった経済的動機のために、軍閥が紛争を続けようとすると論じています。

今回ロシア軍の行状を見ていて思い出したのがこの本の議論で、ロシア軍の行動からはどこか略奪を役得のように思っている気配が感じられます。ここには、経済活動の延長としての戦争という側面があるのではないかと思います。もちろんプーチン大統領のレベルではそんなことはないでしょうけれども、兵士レベルではそういう理解もあったのかな、と。

小泉　ドイツの政治学者ヘルフリート・ミュンクラーの「生活様式としての戦争」という議論とよく似ているなと思いました。問題は、一応は近代の大国であるロシアの軍隊がなぜ生活様式としての戦争のようなことをやっているのかということですね。

今回のブチャやその他の都市でのロシア軍の悪行は、都市を制圧した後に治安部隊がやってきて、支配のために拷問をしたり見せしめに処刑をしたりするのとは、別の問題だと思うのです。そういう特別部隊に所属しているわけではない普通の兵隊がこのような悪行を働く。しかも妙に手際がいい。お前ら初めてじゃないなという感じがする。

これには兵士たちの質の問題が関わっています。一九九〇年代のロシア軍は、軍隊に入ると飯は出ない、いじめられる、麻薬は蔓延しているという状態で、しかも戦地に送られるというのですから、まともな人は軍隊に行きませんでした。結局、やくざ者や重犯罪者が集まってきて、軍隊が刑務所のようになっていた。将軍たちが自分の配下の兵隊たちを農場で働かせ、農場主からキックバックを得たり、軍隊の中で麻薬を売って稼いだり、めちゃくちゃでした。そう考えると、今回のように戦地で悪さをして、それを手際よく売りさばくネットワークが軍隊の中にあってもおかしくない。

ただ、それをこの二十年間、何とか克服しようとしてきたのがプーチン政権であり、セルジュコフ国防相の軍改革でした。軍改革では「軍隊を刑務所ではなくスポーツキャンプのようにしなければならない」と言われたくらいです。

でも、成功していなかったのではないかと思います。

高橋　略奪を禁止する軍法もないし、それどころか略奪したものを組織的に運び出すメカニズムがあるのは衝撃的でした。

そこで思い浮かぶのが、中国の人民解放軍ですよね。やはり西側諸国では、軍は機能的な専門家集団として位置付けられている。一方で人民解放軍は、もともとそういう存在ではないし経済活動も行っているので、よりロシア軍に近い組織の可能性がある。このあたりは中国軍事の専門家と議論を深めていきたいところです。

精密誘導兵器による市民も含めた戦略爆撃

高橋　ロシアの空爆について議論しましょう。

初動の空爆のターゲットがすごく分散されていたという点は、私も同感です。たとえば私たちが中国の戦い方を考える時の基本的な発想は、ミサイルがまず飛行場とレーダーに飛んできて、日米の航空戦力を破壊し尽くすだろうと。その上で爆撃機による空爆が始まるのだろうと想定しています。ロシアも同じような作戦をするのかと思っていました。ところが、ウクライナ戦争の開戦時は、都市攻撃と軍事目標攻撃が分散された形で、どちらも効果は中途半端だったように見える。

さらに、精密誘導兵器[6]を使って市民を爆撃するという発想が、西側の軍事理論に親しんでいる私にはありませんでした。

小泉　開戦当初から現在に至っても、ロシアの航空作戦には不可解なところが非常に多い。「イスカンデル[7]」など、あれだけの数の弾道ミサイルや巡航ミサイルを打てるアセットがあるうえに、三百機もの戦術航空機をウクライナ周辺に集結させ、それに加え戦略爆撃機を投入しているわけですから、かなりの精密誘導兵器をウクライナ側に叩きつける能力があった。それにもかかわらず、どういうターゲッティングポリシーなのだろうかと疑わせるような、よくわからない空爆をやってみせたわけです。

これについては二つ考え方があります。

一つは、本当に中途半端な軍事作戦しか考えていなかった可能性。何となくロシアのミサイルがたくさん飛んできて、あちこちに着弾すれば、ウクライナの継戦意思を砕けるだろうという発想でしかやっていなかった。もう一つは、軍事科学アカデミーの副総裁を務め、盛んにハイテク戦争理論を喧伝したスリプチェンコが一九九〇〜二〇〇〇年代に書いた本に見られるような、ある種の思想です。

スリプチェンコはイタリアのジュリオ・ドゥーエ（一八六九〜一九三〇）が唱えた戦略爆撃論者の焼き直しみたいなことを言います。つまり、精密誘導兵器で都市に大きな被害をもたらし、産業施設を徹底的に叩けば、市民の生活や経済が立ち行かなくなって、自然とその政府は維持できなくなる、と。戦略爆撃機でやっていたことを長距離巡航ミサイルやドローンでやればいい、これからは戦術と戦略の区別もなくなり、単にどこにあてるかというターゲッティングの問題に過ぎなくなるのだ、というわけです。

今回の不可解な空爆を見ていて、もしも何かの思想があるとすればこういうものなのかなと思いました。ただ、結果的には政府は維持されているので、あては外れたことになりますね。

高橋　敢えて説明をつけるとすれば、精密誘導兵器による市民も含めた戦略爆撃という思想なのでしょうね。興味深いのが、早い時期に、アメリカとイギリスが、ロシアは精密誘導弾を使い果たしたのではないかという評価を出したことです。

その当時でロシアの撃ったミサイルの数は九百くらいでしたが、アメリカがイラク戦争で撃った巡航ミサイルは千百、コソボ空爆で三百くらいでした[8]。コソボでは英仏で精密誘導兵器が足りないと問題になったので、アメリカはロシアの精密誘導兵器の備蓄量は英仏と同程度だと思っていて、そろそろ足りなくなるだろうという評価をしたのだと思います。でも、ロシアは今に至るまで千五百以上撃っている。そのあたりはアメリカ側の評価も間違っていたのだなと思います。

小泉　こんなにたくさん巡航ミサイルがあるのだから、開戦初日にウクライナの軍事能力を削る方向に使っていたら、有利に戦争ができたはずです。あと、ロシアの精密誘導弾の六割が失敗しているという話もありましたが、ロシアの軍需産業の蓄積を考えても、四割しか当たらない精密誘導兵器をつくっているとは考えられない。ロシアの衛星システム「GLONASS《グロナス》」[9]などによる誘導を妨害するような手段が、アメリカから供与されていたのではないかと気になっています。

高橋　ＧＬＯＮＡＳＳへのジャミング（電波妨害）はやっているでしょうね。

スリプチェンコの「第六世代戦争」理論

高橋　米空軍の中では非常に論争的なテーマとなっている、ファイブリングモデルというのがあります。ターゲットを同心円状に五つの輪に設定するというもので、中核が指導者、第二の層がその国を支えるエネルギーなどの死活的システム、第三の層がインフラ、第四の層が民間人などの人間、そして第五の層に来るのが軍隊です。

軍事目標だけを攻撃してもらちがあかない。相手軍隊の作戦を麻痺させる最も効率的な方法は中核にあるリーダーシップを撃破することだが、それは現実的に難しい。けれど、軍事力よりも内側のリングをターゲットにした方が効果的だ、というのがファイブリングモデルの考え方です。

ただ、それでは軍事目標を攻撃しないのかというと、それも極端なので、湾岸戦争以降の米軍はどちらかというと軍事目標中心に傾斜し、それ以外の目標を攻撃する場合も、相手の軍事力に及ぼす影響を最大化するターゲットを選ぶ方向になってきました。

ところが今回の戦争を見ていて、例えば、クラマトルスク駅への攻撃やマリウポリの劇場への爆撃について感じたのは、そこを爆撃することでどのように戦争の終わりに導いていくのかというターゲッティング理論がよくわからないということです。確かに先ほどのスリプチェンコの説明は一つの答えであり得ますが、それはファイブリングモデルのように、「どこかに最も効率的な中核がある」という発想でしょうか。それともターゲットはたくさんあるので全部攻撃しようという発想なのでしょうか。

小泉　スリプチェンコの理論は、戦争を六つの世代に区切るんです。第一世代から第四世代までは接触戦争で、使う武器は違うけれど戦場で直接矛を交える戦争である点では変わらない。第二次世界大戦までが第四世代戦争で、第四世代戦争で初めて戦略爆撃が登場し、これは非接触戦争の可能性を秘めるものだった。第五世代になって弾道ミサイルと核兵器の組み合わせが登場するものの、これは人類を破滅させて政治的な目的を達成できないので無意味な戦争だとスリプチェンコは考えます。

しかし第六世代の戦争であったら、人類を破滅させず、なおかつ相手の領域に踏み込まないで非接触戦争ができるので、これこそが今後の戦争モデルだと彼は言う。この第六世代の戦争では、スリプチェンコは軍隊を叩くことには否定的で、産業と流通といった経済力を叩くことで国家が立ち行かなくなるようにすればいいと強調します。

高橋　そういう考え方だと、爆撃のターゲッティングを地上作戦と連携させるべきだという発想は出てきませんよね。

小泉　実はスリプチェンコは、そもそも陸軍は要らなくなるので解体してもいいと極端なことを言っています。本当にドゥーエなんですよ（笑）。

航空作戦と地上作戦の連携欠如

高橋　ベトナム戦争以来、米軍の一つの課題は、空軍のためだけでなく戦争に勝つためにどうターゲッティングを行うのかということでした。それを戦域統合軍の中に位置づけて、戦域統合軍司令官の下に置かれる統合航空部隊司令官のもとで、海空の打撃アセットを統一的にターゲッティングしていくということになっている。

　たとえば湾岸戦争におけるターゲッティングは、先のファイブリングモデルを考案したジョン・ウォーデン空軍大佐が原案をつくり、その修正案を統合航空部隊司令官のチャールズ・ホーナーが決定し、統合軍司令官であるノーマン・シュワルツコフが全体の作戦と整合させ承認する形をとっていました。つまり、地上作戦との連動がシュワルツコフのところで確保されている。

スリプチェンコの理論と実際の軍事制度がどのくらい連動するのかわかりませんが、総司令官がいないということは、各正面の地上戦の連携のみならず、地上作戦と空爆作戦の連携をも不可能にします。そういったターゲッティングと地上作戦の関係についてどう思っていたのでしょうか。

小泉　そこのところがよくわからないのですよね。現実的に考えて、そもそも東部・南部・中央・西部軍管区の四人の司令官がいて、中央軍管区からも第41諸兵科連合軍が丸ごと来ている状態で、現場の総司令官がいないというのは、どう考えてもバラバラな作戦です。さらに航空作戦との連携が入ってくると、到底ちゃんとできているようには思えない。

ロシアの戦術航空機が、特に初期においてあまりウクライナ上空に入ってこなかったのは、そもそもそういうことを調整するメカニズムがなかったからではないか。大規模だが本格的な戦争ではないという想定がいろいろなところから透けて見える。

現場指揮官に任命されたドボルニコフ

小泉　今回、現場総司令官に任命されたアレクサンドル・ドボルニコフは、南部軍管区司令官から各軍管区を指揮する現場指揮官になったわけですが、彼は最初のシリア派遣軍司令官でした。二〇一五年九月にシリアに派遣されて、陸軍軍人でありながら空軍部隊も指揮し、現場の黒海艦隊の艦艇も指揮下に入れた、初の本格的な統合軍司令官だった。実際にシリアでどこまで統合作戦ができていたのかは怪しい部分がありますが、そういう発想自体はある。それなのに、今回はそれを試みてさえいないのではないかという気がします。非常に不可解です。

高橋　ロシアの戦術航空機がウクライナ上空に入ってこなかったという話ですが、空軍が空軍だけの戦争を戦っていたら、あえて自分たちの最新アセットをリスクにさらそうとはしませんよね。統一司令官がいない以上、空爆作戦と地上作戦の連携が取れるわけがない。

今回は戦域がとても広い。物理的に見てもウクライナの国土はイラクの一・五倍あるので、地上戦が行われているエリアでいえばイラク戦争、湾岸戦争よりはるかに広い。しかも外線包囲作戦となると統一的な指揮が難しいのはわかるのですが、本来は参謀本部にそういう役割が期待されていたのではないでしょうか。

小泉　そのために参謀本部の中央指揮所を拡張して国家防衛指揮センターという立派な指揮所をつくった。最初の目論見としては、参謀本部が直に各軍管区を指揮するからいいと思っていたのかもしれませんが、現実的にはそううまくはいかず、現場で采配する人が必要になったということなのかなと思います。

高橋　アメリカとの比較の上で基本的かつ重要な質問ですが、ロシアの参謀本部は軍管区を指揮できるのですか？

小泉　参謀本部から軍管区までをつなぐ自動指揮システムの整備は行っていたので、連携が取れる態勢になっているはずです。

高橋　アメリカの場合、統合参謀本部は戦域統合軍を指揮できません。もし複数の戦域統合軍が絡むような作戦になると、大統領のところでしか統合的な調整が行えません。

小泉　アメリカの場合は戦域統合軍が世界中に展開していますからね。ロシアの場合は軍管区といっても隷下にあるのは数個軍なので、それを統合すると考えると、指揮する規模は軍集団レベル。ソ連時代は、有事には複数の軍管区をさらに指揮する戦線（フロント）が作られることになっていました。今回の場合も、ソ連時代のフロントのようなものをまた作ったように見える。複数の軍管区の指揮というより、活動調整になるのかなと思います。

ドボルニコフは上級大将なので、ある程度貫禄があってわりと人の話は聞く人物だと言われています。それなりに軍の中では人望のある人物のようなので、それで選ばれたのかなとも思います。昨年、ワレリー・ゲラシモフが参謀総長を兼任したまま軍事科学アカデミーの総裁になり、そろそろ引退準備ではないかと言われた時に後継者の下馬評が出ましたが、そこにドボルニコフの名前もありました。

軍事力による古典的戦争に消極的なプーチン

高橋　ロシアも、最近は兵站《へいたん》線やＮＡＴＯの軍事物資を狙って攻撃している気配が感じられます。ドンバス地方での戦闘で有利になるようにという観点から、戦い方を見直しているように見えます。十分な数のミサイルが残っているのかはまた別の問題ですが、どうも西側の予想以上にミサイルを持っているようなので、そういったことが引き続き行われるのではないかと思います。

小泉　地上での戦い方も、第一段階に比べると理解しやすい。ある程度、兵力を東部側に集中させて、現場指揮官も置いて、東部の主要都市に的を絞って攻めていく。

ただ問題は、それをやってもなおウクライナの地上部隊を打破できていないということですね。激しい攻勢準備射撃をしていたので、まもなく大攻勢が始まるのかなと思っていたら、攻勢に出たけど撃退されましたというニュースになる。東部戦線も攻勢に失敗している印象があります。

高橋　ウクライナ側の情報を見ていても、イジューム南部のいくつかの村落についてかなり激しく取ったり取られたりしているので、ロシア軍を前進させられていないということでしょう。ドンバス突出部についての包囲攻撃は、まったく成功しているように見えません。

プーチン大統領はこの戦争で二回大きな決定をしています。一つはキーウ攻略を諦めること、もう一つはアゾフスターリ製鉄所への無理攻めをやめることです。ここに共通するのは、ロシア側の損害が出ないようにしたのではないかということです。一か八かのギャンブルを避ける傾向が見える。そこから考えると、ドンバス攻勢もどこかで止めて守勢に入るのではないかという気がしています。

小泉　よく言われる「KGB出身のプーチンは力の行使をためらわない、汚れ仕事をためらわない」というのはその通りですし、国際的な規範を平気で破ることも間違いないのですが、損害を出すような作戦や軍事力で真正面から敵をつぶす作戦には意外と消極的なところがありますね。

プーチンが首相代行から首相に就任した一九九九年八月、チェチェンのシャミル・バサーエフが隣のダゲスタン共和国に侵攻するという事件が起きました。バサーエフ派を殲滅するためにもう一度チェチェン戦争をやるという話になったのですが、作戦指揮官のプーチン自身は、すぐに介入しなければいけないとは言うものの、首都のグロズヌイまで攻めていく必要はなく、封鎖するだけでいいと言った。あくまでも包囲して相手をびびらせ、屈服させるために力を使うのであって、真正面から死ぬまで殴り合うようなことはあまり好きではないのでしょう。

そもそも、力を「策略の一部」として用いて大きな成果を上げるのが、これまでのプーチンのスタイルでした。軍事力による古典的戦争はあまり好きではなく、頭を使って成果を出せという考え方をしている。力と力が真正面からぶつかり合うような古典的な大戦争でも、そういう感覚でやっているから、戦争指導が変なのではないかという感じがします。

ゲームチェンジャーの生物化学兵器と核兵器

高橋　今回、無理攻めしたのはマリウポリだけ（二〇二二年四月末現在）ですよね。その他の街は基本的に包囲して砲撃をしている。

小泉　街の中心部まで突入させていったのはマリウポリくらいですね。突入した先で相手の人民が戦う意思を挫かれなかった場合の発想が、プーチンやプーチンのチームにあるのだろうか。あるいは軍側が突入の判断を出した時に、プーチンがどのようなマネジメントをしているのか。そうしたことは、やはりよくわからないと言えそうです。いずれにせよ、プーチンの政治観にひきずられた結果、変な戦争になっている。

高橋　都市の無理攻めをしてもいいことはないわけですが、それに対するゲームチェンジャーとして生物化学兵器の使用が考えられます。

小泉　その可能性は十分にあります。どう考えても、ロシアが生物兵器禁止条約（ＢＷＣ）に従って生物化学兵器を全廃したと思っている人はいないわけです。生物兵器は即効性はありませんが、穀物を標的にするような戦略生物兵器があっておかしくありませんし、究極的には核兵器ですね。

高橋　今後の戦争の行方がどうなるのか、核兵器の使用可能性をどう見積もるのか、この問題についてはまた機会を改めてお話ししましょう。

侮れなかったロシア軍

高橋　ロシアによるウクライナ侵攻から百日近くが過ぎました。前回の対談後の流れを振り返ると、五月中旬にウクライナがハルキウ周辺を奪還し、ロシアのイジューム周辺の補給線を断って大勝するチャンスがありましたが、そこには至りませんでした。一方、ロシアは、第二次攻勢の中で比較的うまくいっていたルハンシクからの攻勢軸にリソースを投入して戦果の拡大をはかろうとし、現在はセベロドネツクを巡る戦況が激しくなっています。

これまではキーウなどで勝ち切れなかったロシアにウクライナがリアクションしていたのに対し、今度はウクライナが勝ち切れなかったところにロシアがまた新たな手を打ってきた印象を受けます。

小泉　この三カ月を見ると、ロシアは当初、攻勢側として主導権を持ってウクライナに入ってきましたが、次第にこれが失われ、戦争の完全勝利ができないことが誰の目にも明らかになったのが四月初頭。その後、ロシアは主導権を取り戻すべく、アレクサンドル・ドボルニコフを現場総司令官に任命し、思い切った態勢の立て直しをはかって東部での集中攻勢に出た。けれど、主導権を取り戻せず、徐々にウクライナが押し戻してきたのが五月初頭の状況でした。

しかし、やはりロシア軍は侮れなかった。ロシアはハルキウ東方の北ドネツ川周辺の陣地を放棄せずに補給線を守り切り、さらにイジュームから南下していくラインと、リマンから南下していくライン、南のポパスナから北上していくラインを合わせてセベロドネツクで包囲の輪を閉じようとした。つまり、ロシアもウクライナも完全な主導権を取れなかったなかで、最後の東部決戦でロシアが主導権を取り戻しつつある。

今までのロシア軍は何だったのかと拍子抜けするほど、五月に入ってから突然、東部で普通の戦争ができるようになった。巷間言われているように、プーチンがマイクロマネジメントをしていたのではないか、そもそもプーチンの描いた戦争全体のグランドデザインが間違っていたのではないかという印象を持っています。

ロシアは現在、東部で戦術的に優勢に立ちつつあり、ウクライナ軍の一部が包囲殲滅される危険性があります。ただ、それでロシアが戦争全体に勝てるかというと、そうは思いません。一方、ウクライナが主張していたように夏までにロシア軍を叩き出して年内に終戦というのも難しいと思います。それぞれが死力を尽くした結果、完全には勝負がつかなそうだということが徐々に明らかになってきている。

四個軍管区に横串が通った可能性

高橋　陸戦の基本は、複数正面で仕掛けていって、相手との戦いの中で突破できそうな正面に予備兵力を投入するなり、重点を移すなりすることです。ところが、ロシアは戦争の序盤でそれができていませんでした。自分たちの計画を実行することだけ考えて、相手のリアクションを考慮に入れていない。つまり相手を見て戦争をしていなかったように見えます。しかし、五月に入ってからは、第二次攻勢の四つの攻勢軸の中で、うまくいっていなかったイジュームからの攻勢をあきらめ、ハルキウ周辺からも撤退して、元々うまくいっていたルハンシクからの攻勢軸に戦力を集中している。つまり、ちゃんと相手の動きを見て戦争をしているように見えます。軍の指揮統制が、四月までと見違えるようです。

小泉　他の要因は見当たりません。ドボルニコフのスタッフや指揮所の物理的な能力から考えて、四個軍管区を指揮して全体を統括する総司令官のような立場にあるとは到底思えませんが、現場レベルで横串が通ったのではないかという感じがします。

この間の違いというとドボルニコフが現場総司令官に任命されたことしかない。

従来はおそらくモスクワの参謀本部作戦総局が一つひとつの軍管区に命令を出していたのですが、現場にドボルニコフというハブができたことで、四個軍管区に横串が通ったのではないか。だとすれば、盲目的に与えられた目標に進んでいくのではなく、複数の部隊が協調して攻撃軸のダイナミズムをつくりだしていくような運用ができるようになった可能性があります。

もう一つは未確認の話ですが、戦争のグランドデザインをつくるスタッフ機構が、ロシア連邦保安庁（ＦＳＢ）[10]の第五局から参謀本部情報総局（ＧＲＵ）に移ったと言われています。第五局は旧ソ連の諜報や世論操作を担っていた部局ですが、ここがプーチンにとって都合のいいレポートを書いていた。けれど、作戦が失敗したことで、局長が責任を問われて軟禁され、一時政治犯収容所に入れられていたという話がある。同時に第五局のスタッフが百人だか百五十人だか罷免されたそうです。ＧＲＵという軍事組織の中で作戦を考えるようになったことで、根本的な戦争の進め方が変わったのではないかと思います。

高橋　情報部門が戦争の筋書きを考えると、相手を見ないで戦争をする傾向が出てきそうなので、今の仮説は説得力があるように思います。あるいは、四月末にワレリー・ゲラシモフ参謀総長がイジューム方面を視察したとの情報があるわけですが、現地を見たゲラシモフが何らかの手直しをした可能性もあると思います。

セベロドネツクを守るか部隊保全か

高橋　一方、ウクライナは非常に難しい選択を迫られています。セベロドネツクを守り切るのか、部隊の保全を重視するのか。戦争の今後数カ月の行方を決めるうえで重要な局面だと思います。このような選択を強いただけでも、ロシア側からすれば作戦レベルでは主導権を取り戻し、優位に立っていると言えるでしょう。

小泉　セベロドネツクがロシア軍に占領されたらどうなるのかはブチャやマリウポリの惨状から明らかなので、ウクライナにとっては苦渋の決断です。ただ、ロシア軍の包囲の輪が閉じようとしている中にウクライナの二個しかない戦車旅団がどちらも入っているので、このまま包囲殲滅されると、ウクライナ軍は反攻の余地がなくなる。つまり、部隊保全を優先しないと、あそこが占領地になることを受け入れるのと同義なのです。

　とはいえ、部隊保全を優先するとして、包囲を突破できるのかという問題もあります。ロシア軍がポパスナなどの周辺の高地を押さえているので、道や鉄道がロシア軍の火制範囲に入っている。敵陣の目の前を横切っての撤退となると、相当の犠牲を覚悟しなければならないでしょう。

今回のロシア軍の包囲作戦成功は、今まさに反攻に出ようとしていたウクライナ軍の出鼻を挫いたと言えます。

二〇一四〜一五年「デバリツェボ包囲」の経験

高橋　これはまさに第二次世界大戦のスターリングラード攻防戦のような二重包囲作戦です。敵の拠点を包囲すると同時に、それを救出に来る敵部隊を包囲する作戦ですね。この戦争において、これまで何度かロシア軍が二重包囲を試みた形跡がありましたが、失敗してきました。今回は成功しましたね。

小泉　ロシア軍は二〇一四〜一五年にも対ウクライナ戦で二重包囲に成功しています。ドネツクのイーロヴァイスクやデバリツェボでウクライナ軍を人質に取ることによって、ロシアに有利な戦争解決パッケージである第一次、第二次ミンスク合意にもこぎつけた。ただし、武器を置けば許してやると言っておきながら、撤退する部隊を砲撃するという汚いことをやった。

私は今のウクライナの置かれた戦略的な状況や過去の経験から考えると、強行突破で包囲を解いて部隊保全を図るのではないかと思っています。

高橋　包囲を突破するための救出作戦の名前は「冬の嵐」[11]かな。

小泉　ただ、ロシア側の作戦は「バルジの戦い」[12]みたいになる可能性があります。ロシアがここで勝ったとして、その先どのくらい攻勢を維持できるのかは別問題だからです。これまでのロシア軍は国境から百〜百五十キロ前進したあたりで侵攻が鈍化する傾向があり、おそらくこのあたりに補給の限界がある。今は国境近くで戦っているので兵站は問題になっていませんが、今後はどうなるか分かりません。

再攻勢にはさらなる軍事援助が必要

高橋　このロシアの作戦がうまくいった場合、ウクライナはセベロドネツクを守り切るのか、部隊の保全を重視するのか選択しなければならない。ウクライナには装備は援助で入ってきますが、兵隊は入ってこないので、かりに重装備を捨ててでも兵隊は残さないといけない。そう考えると、部隊保全を重視する必要があります。

小泉　この撤退で重装備をどれだけ保全できるかは分かりませんが、いずれにしてもロシア軍に攻勢を仕掛けるためには軍事援助のギアが上がらないと盛り返せないのではないか。

ウクライナはアメリカに多連装ロケットシステム（MLRS）と高機動ロケット砲システム（HIMARS《ハイマース》）の援助を求めていますが、ロシア軍の大隊戦術グループ（BTG）は大隊レベルで自前の砲兵戦力を持っている。それに撃ち負けないためにMLRSとHIMARSを求めるのは妥当です。

高橋　先日の対談ではBTGが大規模戦闘に向いていないという話題が出ました。しかし、その時も話した通り、戦争前にNATO側が以前から懸念していたのはBTGが持つ大隊レベルでの砲兵火力でした。まさにBTGが持つMLRSのことです。

小泉　先日、ドイツの国防次官が西側製の戦車や装甲車は供与しないという約束があるとポロッとこぼしていましたが、ウクライナ軍が東部で敗北するとなった場合には、「エイブラムス」なり「レオパルト」なりの戦車を供与すべき時が来るのではないかと思います。

高橋　あと足りないのは自走砲ですね。これまで供与しているのは牽引砲が中心だから、陣地変換しながら撃ち合いをする戦いだと力が落ちる。

小泉　装軌式の自走榴弾砲[13]が必要ですよね。これはドイツ製の「PzH2000」しか入っておらず、オランダとドイツの供与分で一個大隊分もない。他にチェコの「ダナ」やフランスの「カエサル」も供与されていますが、自走砲といっても装輪式です。

高橋　アメリカが供与した牽引式榴弾砲「M777」も今の大火力戦には適しません。

小泉　M777は軽量なので、ヘリコプターで運びやすいというメリットがありますが、そもそもアメリカのヘリボーンを前提としたものです。また、M777の火器管制能力は凄いものの、その能力が取り外されているのではないかという話がある。そうすると、ただの軽量榴弾砲になります。

膠着状態は核使用の可能性にどう影響するか

高橋　このまま戦局が推移すると、ウクライナが六月中に予定していた反攻のための戦力を、ドンバス方面の穴埋めに回さなければならなくなる。そうなると、ウクライナとしては決定的な反攻ができず、ドンバスでの消耗戦になっていく可能性が高くなる。

小泉　このままいくと、そうなる可能性が高いでしょう。ウクライナが改めてハルキウから東に押し出してロシア軍の補給線を断って叩き出すというのは、今のままではできないだろうと思います。

ただ、ここでロシア軍、ウクライナ軍、両方とも大勝ちができない膠着状態に陥ることで、核使用の可能性という我々が懸念していた事態は先延ばしになるかもしれません。

ロシア軍があくまでも勝とうとするのであれば、ロシアは核よりも先に動員をかける可能性が高い。垂直的に戦闘の烈度を上げると、どこまでエスカレートするかは西側次第なので、ロシアには分からない。であれば水平的に暴力の規模を拡大させた方が、予測可能な形で勝つ確率を高められる。

高橋　ロシア国内の専門家の認識としては、「まだ動員をかけていないのだから、実はロシアは長期戦で状況を有利にできる」という見方があるようです。その意味で、動員というオプションを取る可能性はある。

小泉　もしもここで膠着状態にもつれ込んで二〇一四〜一五年のドンバスの拡大バージョンのような事態になり、お互いにこれではしょうがないなということになるのであれば、核使用も動員もないまま停戦になる可能性はあると思います。本来はロシアをもっと完全に負かすべきですが、核使用を避けるためには止むを得ない、との政治判断になることは考えられる。

核抑止は一定の効果を上げている

高橋　これまで、ロシアが化学兵器や戦術核兵器を使ってもおかしくない局面はありました。例えばキーウ包囲のために機動していた部隊の兵站線がウクライナ側に脅かされていた時、あるいはマリウポリ包囲戦でも化学兵器の使用オプションはあったはず。今回の第二次攻勢も、イジュームからの攻勢作戦には戦術核を使用するというオプションもあり得たはずです。しかし使用されていない。

小泉　ロシアが自制したという印象はあまり受けません。マリウポリで街を丸ごと更地にして、子どもたちが避難している場所にわざわざ爆弾を打ち込む連中が、核や化学兵器だけ道徳的理由で手控えるとは思えない。

となると、核を使った場合のエスカレーションリスクの大きさという実存的な脅威が、ロシアを踏みとどまらせていると見るべきです。これはつまり、やはり米ロ間の戦略レベルでの核抑止が一定の効果を上げていると考えるべきではないでしょうか。それゆえ戦争状態においても核を使用するという究極の決断は下せていない。米ロのお互いの戦略的アセットが生きている中でウクライナという局地において激しい通常戦闘が行われている。

高橋　一方で化学兵器については、当初からウクライナが生物・化学兵器の開発を行っていたと装う偽旗作戦が行われる可能性が指摘されている。化学兵器禁止条約（ＣＷＣ）が存在していて、保有も使用も禁止されている。ＣＷＣにはロシアも入っている。そのため、使うにしても偽旗作戦という口実が必要になるという意味での制約は働いています。

小泉　ロシアが偽旗作戦として行ったことはすべてが見え透《す》いていて、情報戦として稚拙でした。ロシアは昔から見え見えなことをやってきたので、いつもと変わらない平常モードなのでしょうけれど、我々がロシアを見る目が変わった。

高橋　偽旗作戦は旗を上げた後に何かをやるものですが、後に続く何かがなく、「作戦」というよりただの偽旗だった。つまり、軍事作戦との連携のないプロパガンダだったようです。

小泉　これまでロシアがやってきた偽旗は国内向けにこの戦争は正しいのだと言い張るためのものであって、大量破壊兵器使用の正当化のためのものではなかったのだと思います。

高橋　見る側の私たちに、「ロシアは偽旗作戦を行ったうえで化学兵器や核兵器を使用する」と考えるバイアスがあったのかもしれません。プロパガンダのターゲットが実は国内だったということに気が付いていなかった。

小泉　そうですね。化学兵器使用や核兵器使用は恐ろしい可能性なので、どうしてもそちらがまず頭に浮かんでしまうというのは、やむを得ないバイアスではあると思います。

エスカレーション抑止を巡るエコーチェンバー

高橋　小泉さんとも一緒に出版した『「核の忘却」の終わり：核兵器復権の時代』（勁草書房／二〇一九年）の時のプロジェクトの勉強会で、小泉さんがロシアの「エスカレーション抑止」は西側で盛んに論じられている割に東側では一次資料として確認できないと言っていたのが印象的でした。

小泉　当初は一次資料を確認できなかったのですが、後にロシア軍の参謀本部が出している「軍事思想」などの雑誌が利用できるようになり、そのような議論がたくさんあることは確認できました。ただ、専門家の間で盛んに議論され、このような戦略が必要であると言われているということは、まだ公式の戦略になっていないということでもある。

エスカレーション抑止が公式の核ドクトリンにならなかったのは、その一種のヤバさが認識されているからだと思います。ロシア軍の中でも積極論もあれば慎重論も相当あり、いきなりエスカレーション抑止のために核を使うよりは、まずは精密誘導兵器や極超音速兵器などの通常兵器でエスカレーション抑止を図り、その上の段階に核兵器の使用を想定するという方向にエスカレーション抑止理論が複雑に精緻化されていっている。

今回ロシアが簡単にエスカレーション抑止のための核使用に踏み切らないのは、いくらロシアでも「気に入らないから」と言って核を使うわけではないのだということを示しているでしょう。

高橋　二〇一四年のクリミア併合以前は、西側では核兵器の役割を減らしていくべきだという議論と、中国や北朝鮮の存在を考えれば核兵器の役割は下げられないという議論とに割れていました。その後者の議論を進めるうえでのエクスキューズとして〝ロシアにもエスカレーション抑止があるから〟と論じていた記憶があります。このとき、ロシア専門家というより、自分のような核戦略の専門家がむしろロシアの議論を取り上げていた。こういった議論の中で、ロシアのエスカレーション抑止というものが実態以上に膨らんでいったことは否めません。

小泉　実際に二〇一八年の米国の「核態勢見直し（NPR）」でロシアの限定核使用への懸念が強調されたことで、エコーチェンバーが発生した部分もあるでしょうね。

他方で、ロシアの中でそのような思想が熱心に唱えられてきて、実際にそのためのアセットも持っていること自体は事実なので、危機的状況になった場合にロシアの限定核使用を心配しなければならないことは根本的には変わりません。

高橋先生と『「核の忘却」の終わり』を書いた時は、万一、ヨーロッパ大戦争が起きたらこういう心配もあるという可能性の問題として論じていたことが、三年後に起きてしまった。ロシアが核を使うのか、それがＮＡＴＯとの全面核戦争にエスカレートしないのかといったことを本当に心配しなければならなくなるなんて考えていませんでした。

しかし現在の状況では、あらゆる核使用の可能性が、蓋然《がいぜん》性は低いとは分かっていても、可能か不可能かで言うと可能であるということをどうしても気にせざるを得ません。

「核の役割低下」は今ではない

高橋　先程なぜ核兵器が今まで使われていないのかということについて、アメリカの報復を含めて不確実な要素があるからというお話がありましたが、同じことをアメリカも思っていて、介入を深めれば深めるほどロシアの核使用について考えないといけない。その中で、ここまでなら大丈夫だろうという形で情報提供と軍事援助をしている。ロシアも、それに対しては牽制はするものの物理的な阻止行動には出ていない。それはロシアが物理的な行動を行った場合に、アメリカの反応がエスカレーションすることを恐れているからでしょう。そう考えると、「安定と不安定のパラドクス」が両側で働いている感じがします。

小泉　本当にそうですね。戦略レベルでの抑止が働いているので、お互いにある程度まで手出しが可能になっているとも言える。

　これは日本の安全保障を考える時に不気味な話で、米中間に核戦略家が考えるような相互脆弱性が成立するかどうかは分かりませんが、中国の核戦力が現状の規模であっても確証報復は可能ですよね。さらに中国が今言われているペースで核戦力を増強して二〇三〇年までに保有核弾頭が一千発に達すれば、さらに安定と不安定のパラドクスに対する我々の不安は強まると思います。

高橋　米ソで相互確証破壊[14]が制度化されたのが、相互脆弱性を担保した一九七二年の弾道弾迎撃ミサイル制限（ＡＢＭ）条約です。そして中距離核戦力（ＩＮＦ）のヨーロッパ配備問題はそれと連動する形で出てきています。

　その類推で考えるならば、中国の核戦力が質量ともに拡大して、確証報復だけでなく、米中で相互確証破壊が成立することになれば、当然、核戦力の戦域配備問題がでてくると予測できます。その場合は海上への配備が論点になると思いますが、アメリカがどう考えるかではなく、日本自身が自分の問題としてアメリカにどのような能力を持って欲しいのかという議論をする必要があると思います。

小泉　核軍縮路線のバイデン政権下で言われている核態勢見直し（NPR）は、あまり日本としては望ましくない方向性ですよね。

高橋　ウクライナ戦争がなければ、トランプ政権で決まった新型の海洋発射型核巡航ミサイル開発は、無風状態のまま中止されたでしょう。しかし、現在は統合参謀本部や議会が中止に強力に抵抗しています（註：その後、議会側が予算を割り当てることを決定）。これはウクライナ戦争の反射的な効果なんですよね。

小泉　今回の戦争は色々なものをひっくり返しました。ロシアの侵略、現場での狼藉、各国や人々の反応など、まさかと思うことが次々に起きるので、改めて安全保障は意図ではなく能力で考えるべきということが確認された気がします。

そういう意味で言うと、核の役割低下は、できればそれに越したことはないですが、今ではないだろうと思います。

高橋　私もそう思います。

二つの核使用シナリオ

高橋　核兵器を使うとすれば、膠着した状態を打破し、打破した上で核兵器がもたらした物理的な破壊を成果として拡張できるだけの兵力がないといけない。けれど、どうもこの流れで消耗戦になると難しい。しかもドンバス地方からの攻勢となると、例えばキーウに向かうとすると、長方形をしているウクライナの国土の長い辺を突破しなければならないので、非常に難しい。

そのうえでなお核兵器を使うシナリオがあるとすれば、どのようなものが考えられますか？

小泉　戦場で敵や軍に対して核兵器を使うシナリオ（戦闘使用）は考えにくい。とすれば、結局、ロシア軍の中で論じられ続けてきたいわゆるエスカレーション抑止型核使用の類型だと思います。一つは停戦強要のための核使用。もう一つは西側の援助を手控えさせるための警告射撃。この二つは排除されない。

ただ、どちらもどこまでエスカレートするかわからないので、このまま使わずに済むならいいとロシアも考えていると思います。

高橋　このままウクライナがドネツク中部くらいで戦線を引き直し、そこで消耗戦になるとすれば、ロシアにとっては今までの支配地域は事実上、既成事実化できる。そのまま五年でも十年でも維持すればいいわけですから、そこで敢えて核を使う必要はない。

セベロドネツクが天王山

高橋　これは私の考えですが、ウクライナは、予備兵力をドンバス方面での戦線の穴埋めではなく、ヘルソン方面での反攻に投入する方がいいのではないかと思っています。セベロドネツクを維持したり包囲を破ったりするよりは、そこは遅滞戦術に留める。そこで改めて決戦場を定義し直し、ヘルソン決戦でもう一度勝負を仕掛ける方が、ロシア軍に打撃を与えて占領地の奪還につなげていくという点では見込みがある。

小泉　現状、ウクライナの三つの州都が占領されているので、ヘルソンの州都を取り返せると非常に大きい。ヘルソンはロシアが占領しているけれども、配備兵力は薄いので、ここをガツンと叩けば大きく前進できる可能性はあります。

高橋　そうするとロシアはドンバスから兵力を振り向けなければいけなくなるので、それを各個撃破していくようなこともできる。

そういう判断をするのか、あくまでもセベロドネツクを守る、あるいは奪い返しに行くのかというのは、これはもう政治と軍事のバランスなのだと思います。

小泉　いずれにしても、セベロドネツク周辺で包囲されているウクライナ軍の部隊保全を図るにしても、何らかの救援部隊を送らないと包囲を突破できないので、あそこがしばらくの焦点になることは変わらないと思います。

高橋　ウクライナがハルキウ反攻で勝ち切れていたら年内に決着する可能性もありましたが、勝ち切れなかった。今回、ロシア軍が完璧な包囲・撃滅戦に成功すれば、年内にウクライナが諦める可能性はないわけではない。ただ、可能性は低い。

一方で今一番ありそうなシナリオは、ウクライナが戦線を引き直して、そこで年単位の長期戦になるというものでしょう。かりにヘルソン反攻に出てそれが成功したとしても、そこは大筋で変わらないと思います。

小泉　私もそれに近い見通しを持っています。

高橋　いずれにせよ、この包囲戦の帰趨《きすう》がこの先を決める。

小泉　天王山ですね。

註

（1）ロシア軍が改革の成果の一つとして実戦投入している陸軍編成で、高い水準の即応能力を持った諸兵科連合機動部隊。二〇一三年から一五年のロシアによるウクライナへの軍事介入時に主力となった。

（2）アメリカ陸軍の基本となる展開可能な機動部隊。師団より人員の少ない小型軽量部隊。

（3）マクドネル・ダグラス社（現ボーイング）が開発した攻撃ヘリコプター。「アパッチ」の愛称は、アメリカ先住民のアパッチ族に由来。

（4）戦闘車などに搭乗することで、戦車部隊に追随できる機動力、戦闘力を有する歩兵部隊のこと。流動的な機動戦に参加することを前提としている。

（5）戦闘車両を中核とした師団。

（6）レーザーや全地球測位システム（ＧＰＳ）を利用して正確に誘導されるミサイルや爆弾。

（7）ロシア製の短距離弾道ミサイル。古代マケドニアの英雄アレクサンドロス大王の異称。

（8）Anthony H. Cordesman, "The Lessons and Non-Lessons of the Air and Missile Campaign in Kosovo,"（Center for Strategic and International Studies:Washington DC, 2003）, p.824（https://www.csis.org/analysis/lessons-and-non-lessons-air-and-missile-campaign-kosovo）; Anthony H. Cordesman, The Iraq War: Strategy, Tactics, and MilitaryLessons,（Center for Strategic and International Studies:Washington DC, 2003）, p. 291, 294

（9）米国のＧＰＳに対抗してソ連時代から開発が始まった衛星システム。

（10）ソ連国家保安委員会（ＫＧＢ）の末裔で、傘下には大規模な国境警備隊と対テロ特殊部隊が存在する。

(11)　第二次世界大戦のスターリングラード攻防戦でドイツ軍が試みた包囲突破作戦の名称。

(12)　一九四四年十二月にドイツが、「アルデンヌの森」と呼ばれる地域で米英軍に対して試みた突破作戦。ドイツは部分的な突破には成功したが最終的には米英軍の反攻を受け敗北した。

(13)　牽引砲は他の車両に牽引される火砲、自走砲は文字通り自分で走行できる火砲。装軌式自走砲とは、戦車のようにキャタピラをつけている自走砲。

(14)　冷戦時代、米ソ両国は大規模な核攻撃を受けた場合、確実に相手国を破壊できる報復用の核戦力を、相手の一撃では撃破されない形で配備した。その結果、互いに報復を恐れて先制核攻撃に踏み切ることが抑止された。こうした恐怖の均衡状態のことを相互確証破壊という。

Ⅳ

ウクライナの「さらにいくつもの片隅に」

×片渕須直

ＳＮＳの普及で、戦争を日常的に目の当たりにすることになった。
開戦前と開戦後の地続きの時間、
そして七十七年前に終わった第二次世界大戦と現在の戦争との連続性。
『この世界の片隅に』で知られるアニメーション映画監督であり、
第二次世界大戦中の航空史家の顔も持つ片渕須直監督と、
世界の「中心」と「片隅」から戦争を考える。

（2022年5月31日）

片渕須直（かたぶち・すなお）

1960年、大阪府生まれ。アニメーション映画監督。日大芸術学部映画学科在学中から宮崎駿監督作品『名探偵ホームズ』に脚本家として参加。監督作に『アリーテ姫』『マイマイ新子と千年の魔法』『この世界の片隅に』『この世界の（さらにいくつもの）片隅に』など。TVシリーズ『BLACK LAGOON』（監督・脚本）や、ゲーム『ACE COMBAT』シリーズ（脚本）では、エンターテインメントの中に現代の戦争への視線を交えている。現在、清少納言をテーマにした新作を制作中。

1941年6月22日	独ソ不可侵条約を破棄してナチス・ドイツ軍がソ連侵攻。独ソ戦開始
1943年2月2日	ドイツ軍、スターリングラードで降伏
1945年5月8日	ドイツ軍の無条件降伏で独ソ戦終了
2022年4月3日	キーウ近郊のブチャなどで民間人の殺害が判明し、ゼレンスキー大統領が「ジェノサイド」と非難
13日	国際刑事裁判所（ＩＣＣ）が多数の民間人の遺体が発見されたブチャを訪問。戦争犯罪の本格捜査に入る
21日	マリウポリ近郊で集団墓地とみられる穴が大量に掘られていたことが衛星写真で明らかに
28日	グテーレス国連事務総長がブチャなどを訪問。キーウでゼレンスキー氏と会談
5月16日	ロシア軍への抵抗を続けていたウクライナの部隊「アゾフ連隊」が投降。ウクライナ側は兵士たちに市民も避難する製鉄所「アゾフスターリ」からの退避を命令
20日	ロシア国防省がマリウポリを完全に制圧したと宣言
28日	ロシア側、ウクライナ東部の要衝リマンを制圧したと発表。ウクライナ側が拠点とするセベロドネツク市など、東部ドンバス地方で両軍の攻防が激化

実は戦争と関係の深い千葉

片渕　じつは、二人とも生い立ち的に千葉に関係が深いんですよね。ということで、千葉の話から始まってしまいます。

小泉　『この世界の片隅に』もそうですけど、広島・長崎だと原爆が、沖縄や旧満州は地上戦が、と、実際に戦場になった場所では戦争が明確に紐付けられて想像がつくわけですが、千葉県民にはわりとそういう意識がないんです。しかし、じつは千葉は軍都・津田沼があったり戦争と関係が深い。

片渕　ぼくは、昔の習志野練兵場だった自衛隊の演習場の隣の団地から、昔の軍都をバスで通って東京の大学に通ってたりしました。高校も船橋だったけど、自転車で行くと旧陸軍の鉄道連隊の線路がくるくる周りながら走っていて。あの線路は、実験線で距離を稼ぐために曲線がすごいんですよ。

小泉　そうそう新京成ですよね。線路の南側が陸軍の実験線で、蛇行しているので船取線という県道を走っていると横切るんです。船橋にも開戦を指示した暗号電報「ニイタカヤマノボレ」を送信した船橋送信所の跡地があって、グーグルアースで見ると、今でも不自然に丸い地形が残っているのがわかります。私が住んでいたのは松戸の外れのほう、松戸駐屯地の最寄り駅で、昔は陸軍松戸飛行場があったところです。横にものすごく長い直線の道があるんです。それは昔の滑走路沿いの道らしいんですが、高校までその道を毎日自転車で通っていました。

片渕　ぼくが所沢の近くの自宅から杉並の仕事場まで通う道っていうのが、実はかつて杉並にあった中島飛行機東京製作所から所沢飛行場にエンジンを運ぶための道路だったんです。戦時中は、その途中のあちこちに中島飛行機の新しい製作所が建てられたりして、そんな戦争の痕跡が残ってるんですね。

小泉　関東は空襲は受けたけれど地上戦にはならなかったから、自分たちの街が戦場になるかもしれなかったという自覚があまりないような気がします。本当は軍事基地が集中していて、千葉にもものすごくたくさんの基地があったんですよね。実家の近くの海上自衛隊下総基地も米軍基地だったし、柏にも大きな基地があったんですが、昭和五十年代の始めに関東計画(1)という整理計画でみんななくなった。だから米軍に占領されていたという記憶もあまりないわけです。

片渕　所沢の旧陸軍飛行場跡の一部がまだ通信基地になってて、巨大なアンテナが元の飛行場の半分くらいを占拠しています。最近まで基地返還についての看板が立っていました。

小泉　ぼくは今横浜の本牧に住んでいるんですが、一九八二年まで米軍の軍用地だった場所なので、まだそういう匂いは残っていますよね。大規模な米軍住宅が基地の外にあって、街と基地との接点が非常に大きい感じがします。「米兵が行くバイク屋があるからこのあたりに住んでいる」という人が近所にいたり、米軍消防隊（註：Fire Station No. 5）がいたりするんです。その消防署の前には米軍の新聞「スターズアンドストライプス」を買える自販機があって、買ってみようと思ったんですが、米国のセント硬貨しか入らない。なんだか不思議な場所で、米軍基地の痕跡が色濃く残る場所は生まれ育った千葉県にはまったくなかったので、同じ関東でもこんなに違うものかと。

片渕　神奈川はそうですよね。アメリカの基地は港の方に多いですよね。

小泉　横浜のノース・ドック（註：横浜港「瑞穂埠頭」に所在するアメリカ軍の港湾施設）に行くとアメリカの軍艦がいたりするんで、神奈川は基地の存在が県民に意識されているような感じがしますが、ベッドタウンだからということもあって、千葉県民はそういった意識なしに戦後をやってきたんじゃないかと思います。

ぼくの両親も、戦後になって松戸に移ってきた。シベリア抑留から帰ってきた父方の祖父が松戸に住んだんですが、その理由は日本に帰って来て最初に見つけた仕事が、米軍基地時代の下総基地の軍属だったからです。ソ連軍に強制労働させられて、帰って来たら今度は米軍のもとで働くことになった。

片渕　でも米軍からは給料がちゃんともらえたわけですね。

小泉　給料はちゃんともらえるし、英語教育とかもしてくれるんです。「シロイ・アンテナ」という米軍の基地内新聞があって、ぼくは祖父に会ったことがないんですが、「ミスター小泉が米軍の英語検定何級を取った」と書いてある号の新聞だけがうちの押し入れに大事にとってあったりするんです。そういう、あまり語られない戦後史みたいなものが本当はあったのだろうなと。

生活と戦争をひとつながりに見せる

片渕　最近、戦争史よりも戦後史の方が気になってきたりしています。ぼくのアニメーションの大先生に『ルパン三世』や『じゃりン子チエ』の作画監督をされた大塚康生さんという方がいて、最近亡くなられたんですけど、『この世界の片隅に』という呉の港を舞台にした話をやると言ったら、大塚さんは「呉、行ったことあるよ」と。大塚さんは山口の出身なんですが、山口に駐留していた英連邦軍の兵隊と仲良くなって、その彼が帰国する時に呉の港まで見送りに行ったと言うんですよ。そのとき大塚さんは、まだ中学生だったんだけど。

小泉　中学生ですごいですね。山口から呉って相当の距離ですよ。

片渕　ぼくがアニメーションの仕事を始めたころ、大塚さんは五十歳くらいだったんですが、時々現場からいなくなる。会社がご実家に電話すると、その頃はまだご健在だったお母さんが、「康生は昔からそういう風来坊なところがあって……」とか言われる。そのときはアメリカに行って鉄砲を撃っていたらしいんですけど（笑）。

小泉　『この世界の片隅に』の話になりましたが、戦争って、爆弾が降ってきたり、実際に戦場で激しく戦っている最中のことはものすごく語られるんですけど、終わったあとに続いていく生活については、記録には残っても、国民意識の中からはわりと簡単に抜け落ちてしまいますよね。

片渕　若い人がね、高齢者から話を聞きたいのだけど「戦争の体験は語りたくない」といわれて、というので、「その頃毎日何を食べてたのか」とかから聞くといいんじゃないかな、といってるんですよ。「戦争中」とひと言でいうけど、ずっと毎日続いていて一日だけ空襲があって……ということなのだし。

小泉　『この世界の片隅に』には生活も描かれているけれども、同時にディテールのすごさですよね。生活のディテールと軍事的な部分のディテールが、両方とも同じくらいの密度で描かれている。日常が悲劇に転じていくさまが連続的に描かれていますが、そういうタッチで映画を作るとき、多くの場合、作り手も平和な生活が破壊されていく悲劇のほうに関心の比重があると思うんですよ。でも監督の作品は紫電改[2]が空戦フラップも出すし、主人公のすずさんの生活が丁寧に描かれる。

片渕　そこは同じにしないといけないですよね。どちらかが浅くなって比重がどちらかに傾くというようなものじゃなくて。兵器とかに詳しい人はいっぱいいらっしゃって、「映画の場面で紫電改が空戦フラップ出すのまで描いてた、すげえなあ」みたいな観方はよくされたりするんだけど、「ごはん」のほうもそれと同じ密度で描こうとしてるのもわかって欲しいなあ。「裏の畑で水やってたらその向こうに軍港があって戦艦『大和』[3]が浮いてる」までを、ひとつながりで見せる、その空間のつながりを作れるのこそがアニメーションの強みだと思ってやってました。

生々しいディテールの追求

片渕　昭和二十年三月十九日の呉軍港空襲とか調べようとすると、どういう順番にアメリカの飛行機がやって来たのかわりと調べられるんです。誰が乗っていたのかもわかる。最初に飛んできたＦ４Ｕ[4]はなになに中尉の乗機で、次に飛んできたＳＢ２Ｃ[5]はどこの編隊で、誰の機体が爆弾が故障で出なかったとか、紫電改で空戦を仕掛けた人も名前がわかるわけです。映画の中ですずさんの頭の上で空戦するシーンがあって、「紫電改の空戦フラップが出てた」とかミリタリーおたく的な喜び方をされたりするんだけど、こっちではあのへんは、実際に戦闘機に乗ってる人がいて操縦してるんだぜ、という意識でやってました。

小泉　人間を描くということの延長線上に空戦フラップや楠公飯《なんこうめし》があったりする。どちらも人間を描くディテールとしては共通しているわけですね。

片渕　戦争中に機銃掃射を受けたという人に話を聞くと、九割をはるかに超えて、乗ってる人の顔を見たっていうんです。これは殆どの場合見えるはずないんですよね。心理学的な何かなんだろうかと思っていたんですが、呉にＦ６Ｆ[6]がうねうねと戦闘機動しながら低空に侵入してくるのを、こういう軌道で飛ぶ、とか考えてそのとおり作画してもらったら、「人間が乗ってる感じがする」ように見えてきた。動きで。見える見えないは別として、それに乗って操っている人がそこにいるんだ、という意識は確実に味わっただろうなと、アニメーションで操縦する動きを作ってて理解されたりしました。

小泉　戦争を経験したことのない私からすると、戦争とは、アメリカとかウクライナとか、巨大な戦争マシーン同士が戦ってるような感じを持ってしまいがちだし、艦隊戦にせよ空中戦にせよ、兵器が戦っていると感じがちですが、人間が戦ってるわけなんですよね。

片渕　今のウクライナでも、ドローンの映像を見ていると、その中にドローンを見上げている人がいたりする。彼らは、ドローンそのものだけでなく、その後ろにいる人間まで見ているのかもしれないな、と思ってしまう。はるか後方で操縦している奴の顔が見えたりしてるのかもしれない。

小泉　現在は無人兵器がどんどん出てきていて、最終的に無人の戦争になるんじゃないかと言われ続けてますけど、どうもそんな感じがしない。人間が意志を持って暴力を行使するという暴力闘争の本質は、道具やテクノロジーによってもあまり変わらない。ロシアの軍事理論などを追いつつもその思いは持ち続けてきたし、今回の戦争はまさにそうだと、改めて感じますよね。

片渕　そういえばトム・クルーズの『トップガン　マーヴェリック』をまだ観に行けてなくて。

小泉　ぼくは、いわゆる現用機の中で何が好きかと言ったら、ダントツでF‐14とスホーイSu‐27なんです。『トップガン』は五十回は観てると思うんですよ。あと、『レッド・オクトーバーを追え！』も同じくらい（笑）。

片渕　『レッド・オクトーバーを追え！』のジョン・マクティアナン監督はわりと好きなんですよね。

小泉　『レッド・オクトーバーを追え！』で、ラミウス艦長の亡命に薄々気づいていて何かと邪魔をしてくる政治将校がいるんですが、その政治将校の名前が「プーチン」なんです（笑）。「プーチン」を殺して初めて自由な世界へ飛び立つ。期せずしてものすごく現代性のあるネーミングになっている。

片渕　そんなことになってたんだ。

小泉　『レッド・オクトーバーを追え！』とか『トップガン』のような冷戦期に作られた戦争映画って娯楽映画だから仕方ないにせよ、やっぱり戦闘の映画なんですよね。カッコイイ主人公がすごい兵器を手に、勝った負けたの世界なんですけど、それは戦争という現象のごく一部に過ぎない。『この世界の片隅に』でも描かれているように、レイテで史上最大の艦隊戦をやっている間にも人々はなんとかごはんを食べなきゃいけないわけだけど、調味料の値段がめちゃめちゃ値上がりしているみたいな話であったり。山田風太郎の『戦中派不戦日記』なんかを読むと、学生さんはみんな普通に勉強していて、数学の試験が空襲でなくなってやったー！　と喜び叫ぶ様が書かれている。そうした日常が描かれて初めて、今に生きている我々が戦争を再体験できる感じがある。

片渕　勤労動員で呉工廠で働いていた中学生の日記を読んだことがあるんですが、「今日はなになにの花が咲いていた」とか季節感を克明に書いてて、そんな感じを当時も覚えてたのかと感心してたんですが、そしたら「今日は工事で戦艦大和のてっぺんに登らせてもらった、高かった！」ということも書いてある（笑）。同一次元のこととして。その感じが生々しいというか、大和の存在感をあらためて感じてしまったり。

小泉　しかも中学生が戦艦を「大和」であると認識しているわけですね。

子どもを持って戦中とつながったトンネル

小泉　私は一九八二年生まれで、戦後三十七年経って生まれているから、両親も戦後生まれだし、私たちが学校の平和教育で見せられるのは粒子の粗い火を噴いている戦艦大和の写真とか、映像も白黒だし音もないし、戦争がどこか遠い世界のことのように見えてしまっていた。しかし実際は花が咲いていて、中学生が戦艦大和すげー、みたいなことを書く。もちろん色があって音があって匂いがあって、そういうぼくたちとまったく地続きのところに戦争があったんだと、そういうことはよっぽど注意しないと描けないと思うんですよね。

ぼくが、一気に戦争中とトンネルがつながった感じがしたのは子どもを持ってからです。自分で子どもを抱いたときに、ゼロ歳児の子どもがめちゃくちゃ脆い感じがした。その子どもを平和な松戸と横浜で育てていても、なにか不安な感じがあったんです。昔は「三歳までは神様のもの」と言われていましたけど、いついなくなってもおかしくない不安の中で、これで爆弾が降ってくるとか、この子に食べさせるものがないとか、それは本当に大変なことだったんだなと、やっとリアルにわかった気がします。

片渕　野坂昭如さんの小説『火垂るの墓』に描かれている妹の設定は、四歳でわりと大きいんですよね。実際モデルになった野坂さんの妹さんは、当時赤ちゃん（一歳四カ月）

で、ごはん食べられないくらいの年齢で、お米を嚙み砕いてあげるとか、そういうことだったみたいですからね。

小泉　『この世界の片隅に』のラストで別の家族が出てきますよね。お母さんと子どもがいて、お母さんが子どもにごはんを食べさせてる最中に原爆が炸裂してお母さんが死んじゃって、子どもがひとりで廃墟の中で寝てるシーン、あれが本当にぼくは精神的に〝きた〟んですよね。子どもが寝ついているときの顔ってすごくかわいい。いくら泣いたり暴れたりしていても、寝顔を見ていると保護しなきゃいけない存在なのだと子育てしながら感じたんですけど、その子どもがお母さんを亡くして廃墟の中で寝なければいけない、それはどんなに怖いことだろうかと。

片渕　広島の関係で知り合った方が「わたし、お祖母さんと血がつながっていないんですよね」というんです。要するにお母さんが原爆孤児で、拾われてそこの養女になっていたからというんです。こういう方がけっこういらっしゃって。

小泉　『この世界の片隅に』の最後のシーンみたいなことはいっぱいあったんですね。戦時下とはいえ生活は続いていて、お父さんは戦争に行っていないかもしれないけど、母子の普通の生活があった。そういう中にいきなり焼夷弾や原爆が降ってくる世界だったということは、独り身のときはなかなかわからなかった。

片渕　原爆が広島に八月六日に落ちるじゃないですか。その時期、小学校高学年は集団疎開で市内にいないんですよ。低学年は夏休みのはずなんだけど、戦時だからって夏休みが短縮になってしまって、十日から夏休みの予定だったので、学校もまだやっていて、朝礼中に原爆で全滅というようなことがあった。高学年の子どもたちが疎開から戻ってくると街もないし家族もいないという状況があったようで、いろんなことがわかってくればくるほど、みんな本当によく生き延びたなと。

ストリートビューで想う市民の暮らし

小泉　いま、ネット時代なので、ウクライナの戦場の様子が毎日普通に流れてくるわけです。ＣＮＮのようなメディアが入れない場所でも、イーロン・マスクがくれた衛星インターネットのスターリンクにつないで、市民が撮影しているんですね。

片渕　一方で僕らの方で見えるものはね、マスコミを戦場近くまで乗せてきた運転手が、至近距離に砲弾が弾着して、転がるように飛び込んだ溝の中でまだスマホをかかげて一部始終を撮影したものだったり。そういうのを見ると、ほんとにどこまでも撮り続ける、送り続けるんだな。アナタ負傷してるじゃない、って。

小泉　あれは報道魂ですよね。自分がケガするところも含めて報道であるのだと。片渕さんは旧ソ連の国って行かれたことあります？

片渕　ソ連はないです。

小泉　旧ソ連の国って、どこへ行っても街が似てるんです。みんなソ連が作った国で、ジョージアやエストニアには古い中世の街並みが残ってたりもするんですけど、キーウなんかは、ものすごくソ連ぽい。町の中心部はモスクワとかにそっくりなんです。

片渕　規格型なんですね。

小泉　そう。中心部にはスターリン好みの重厚で豪華な建物があって、郊外はフルシチョフの時代に造られた、規格型団地が並んでいて見分けがつかない。ウクライナはほとんど行ったことがないんですが、自分が住んでいたロシアの街そのもののように見えて、生活した場所が廃墟になっているような非常にリアルな感じで。トマトを買っていたあのスーパーと同じチェーン店が１２５ミリ砲で吹っ飛ばされるのかとか、これも私の中で戦争とのトンネルがつながったように感じたことですね。

片渕　今はツイッターなんかにウクライナの戦争のリアルタイムに近い映像がいっぱい

あげられていて、それと同じ場所のちょっと前の姿をグーグルのストリートビューで見ることもできる。廃墟となる前の平和だったブチャのスーパーに買い物に行く自転車のおじさんの姿とか。『この世界の片隅に』を通して、戦争前の時代から空襲・原爆の焼け野原までの移ろいを描いてきた体験があったから、ウクライナの景色が我がことのように染みてくるんです。普通の生活の場がそのまま戦争で損ねられ、変形してしまうのが強く感じられて。そこに踏み込んできてしまったロシアの人たちも、大きな傷を負っているのは双方ともなんだろうなとも思うんですよ。破壊し、略奪した側の傷っていうのも残りますからね。

七十七年前の戦争と現在との連続性

片渕　いま、インターネットで見つけたウクライナの写真を軒並み保存してるんです。庭にマスグレーブ（集団埋葬墓）が掘られたブチャの教会の数年前の映像を見つけたんですけど、教会の中ではクリスマスをやっていて、小学生の女の子が背中に羽根をつけた天使さまになって、みんなで歌ってるんです。ほんの何年か後にはあのマスグレーブが現実になっちゃう。世界ってこんなにも無残なものなのかと。

小泉　本当はつながっているわけじゃないですか。七十七年前に終わった戦争に我々も実はひとつながりにつながっているし、あの激しい戦争があって焼け野原になって、日本を建て直してここまでやってきて、いまの豊かで安全な日本がある。でもそれはきっと、第二次世界大戦後のソ連にしても同じで、あのひどい戦争が終わって、一九六〇年代のソ連には豊かな解放感があったんですよ。

さっきお話ししたように、フルシチョフのコンクリート製団地がばかばか造られていった。それ以前のソ連の生活は大きな家を金持ちから接収して、各家族ごとに部屋を割り当てたコムナルカという住居で営まれていた。キッチンとかお風呂は共用で狭苦しく暮らしていたのが、六〇年代になると、あまり施工はよくないけれど、家族が一軒の家を持てるようになった。そうして小市民的な生活がやってきて、あの気が狂いそうな戦争からは切り離されたという感覚があったわけです。でもそこからまっすぐにブチャの惨劇に、あるいはマリウポリやセベロドネツクの惨劇につながっていってしまう。七十七年前に終わった大戦争の時代と、いまの時代の連続性を意識させられます。

片渕　この先表面的にどう装おうとも、大きなトラウマを抱えたままいかないといけない。

小泉　ロシアがこの戦争をやってしまったことを、この先どう克服していくかということはあまり語られないんですけど、もうひとつ大きな問題としてあると思うんです。
　ロシア人には、戦地に送られて狼藉の限りを尽くしているような連中もいるわけですけど、他方、うちの国はなんてことをやってしまったんだと葛藤を抱えている人たちもいる。でも、この戦争でロシアが負けるといっても、ロシア連邦という国の政治体制がすっかり置きかわることはなく、あの戦争は間違ってたんだ、と思うチャンスはたぶんない。ロシア人自身がこの戦争をどう総括して、どう落とし前を付けるかという、巨大な精神的な問題を抱え込んだんだと思うんです。

片渕　ロシアの側に住んでいる人たちの意識を思うと、フェイスブックとか、ネット上のつながりはとにかく維持しておくべきだった、と思います。ネットを伝わる情報が、問題の切実さの距離感をとにかく縮めてゆく。

時代を経ても戦争の本質は変わらない

片渕　開戦直後のロシア兵って、上官に命令されても「人は撃てません」という兵士がちゃんといて、ああ、ロシアの社会はちゃんとした市民を育てて来たんだなあ、と、ひとつの成熟を感じられたんですよ。そのあと略奪や虐殺など、めちゃめちゃなことが出てきちゃいましたが。

小泉　ロシア人はよく、「パチティー・ナーシ」、〝ほとんど我々〟といういい方をするんですよ。「ウクライナ人は区別がつかない、ほとんど我々である」と。だからこそ撃てないという兵士もいたでしょうし、戦争もなるべく無血で終わらせたいという気持ちがあったと思うんです。でも三カ月(対談時点)戦争をやってるうちに完全に現場がすさんでいく。伝えられてくるマリウポリの状況やブチャの状況ももちろんそうですし、かつて歴史の教科書で見たような、異民族が攻め込んできて、殺して犯して奪うような古い戦争に結局また戻りつつある。陳腐な言い方をすると、戦争が人間性を破壊していく感じですよね。

片渕　「文明って脆いんだな」と。文明の発達とは市民意識とか平等感とかが成熟していくことなんだと思っていたのに、それをいとも簡単に覆してしまう。一人ひとりの人間が傷つけられているのはもちろんですが、今は人類の文明そのものが傷つけられている。

小泉　昔のポピュラーカルチャーの中では二十一世紀ってもっとキラキラしたイメージだったじゃないですか。ドラえもんは二十二世紀からやって来たり、一連の藤子不二雄アニメを観ても、二十一世紀の人類はわりと賢く描かれていたわけですよね。あるいはアーサー・C・クラークの描く二十一世紀も、アメリカとソ連の対立が解消されて、一緒に月に行くという未来図であったはずが、結局まだこんなことなの？　と裏切られたような気持ちだし、わかっているべきだったなと。

片渕　戦後がどうとかどころか、極論すると一九二〇年代、三〇年代から変わっていない。

小泉　宮崎駿監督の『風立ちぬ』を観て、戦争が始まる前って普通に平和で穏やかで豊かな社会だったんじゃないかと思いましたよね。結局はあの太平洋戦争につながっていくわけですが。

片渕　ぼくは航空ジャーナリスト協会なんかにも入ってて、飛行機の歴史を調べてるんですけど、三菱重工の航空機設計者たちの日記を読むと、戦前はよくスキーに行ったりテニスしたりして、戦時中になってもそういう気分が残ってるんですよね。

戦争も末期に近い昭和十九年七月には、B29の来襲が現実のものとなったというんで、ドイツからの資料でロケット戦闘機を造ろうとしていた。突貫作業になるから、作業時間を確保したい。ついては、給湯室まで行く手間を省くため机までお茶を運ばせてくれ、なんて要求が出されていたり、残業についての取り決めを見ても、意外と残業時間が短かったり。十九年七月までわりと無理のない勤務をしていた感じがしてきちゃうわけです。突貫作業で設計ができたらできたでまた、「打ち上げですき焼きを食べるので、みんなで松茸狩りに行きます」というようなことが日記に書いてある。これからすごい数のＢ29が飛んできて大変なことになると見越してロケット戦闘機を造っているはずなのに、松茸かと（笑）。

小泉　それは「秋水」のイメージとまったく結びつかないですね。もちろん、戦前、戦中の三菱重工だから、超超超上流階級の人たちであるにしても、私たちが思っている戦前、戦中のイメージと全然違う。私みたいな世代からすると、戦前、戦中って「天皇陛下ばんざーい！」で一色に塗り込められたイメージなわけです。でもそれだけではないわけですね。普通の生活があって、戦争の拡大でだんだんおかしくなって、Ｂ29が来て戦争が破滅的になって戦後になるという連続的な流れの中にあった。

冷戦時の核のリアリティ

片渕　二〇〇四年だったか二〇〇五年だったか、『BLACK LAGOON』[7]がまだ企画段階の頃、実は、並行して別の会社でも進めていた企画があって、これがロシアとの合作だったんです。一九四一年、ソ連がピオニール（共産主義少年団）から選抜して特殊教育を施された子どもたちが、少数精鋭の戦闘団を組むという話で。大祖国戦争という名の独ソ戦に投入されたその子どもたちに対して、後方にも撤退を許さないソ連のＮＫＶＤ（内務人民委員部）の督戦隊[8]がいてそれも脅威であるという設定にしたい。そう提案した途端にロシア側から下ろされてしまいました。

小泉　そうなんだ……やっぱり。

片渕　それで結局、生き残った企画のほうの『BLACK LAGOON』をやったわけなんですけど。『BLACK LAGOON』二十一話はバラライカ[9]という元ソ連兵の過去話で始まってるんですけどね。彼女は少女時代から射撃が得意で、オリンピックで金メダルを取ることで、落ちぶれた軍人家系を復権させたい。そういう想いを抱いていて。軍隊に入るのが近道だといわれて入隊したら、途端にアフガンに派兵され、過酷な戦場でボロボロになり、オリンピックも人生そのものも奪われてゆく。原作の漫画では描かれていないエピソードで。

小泉　それをオリジナルストーリーで。

片渕　いえ、原作者の広江礼威さんの腹案を聞いて、少し自分なりに翻案したんですが。社会の深い矛盾の中に落ちた人々、といった感じにイメージが醸成されていったところがありますよ。あれ、一九九五年の話なんですよ。だから彼らが今いたら、けっこうな年齢のおじさん、おばさんになっている（笑）。

小泉　まさに今ロシアで、プーチンの戦争を支持している世代の真っ只中くらいじゃないですかね。冷戦を覚えていて、みんなふわっとアメリカが嫌い。

片渕　彼らは自分らがその中にいた歴史から切り離されないでいる。そういう世代のひとりとしてバラライカたちがいる。ギャングの身に落ちてしまったとはいえ、彼らは現役の米軍人に対して「あなた方と私たちの違いはなんなんだ！」とぶつける、まともじゃない怒りを心の中にまだ秘めている。だから今、彼らがいたら、戦争しにウクライナに行っちゃうんじゃないかなと思うんですよね。

ちなみに『BLACK LAGOON』二十一話で、アフガンで戦うバラライカたちに、ＣＢＲ防護服を着せてるんですよ。この防護服の実物を借りて参考にしてたんですが、マニュアルのイラストのバックにはちゃんとキノコ雲が立ってましたね。戦術核兵器使用下で侵攻するための服なんですよ。

小泉　リアルですね（笑）。

片渕　彼らはＮＡＴＯと戦うときは本当に戦術核を使うという前提を持っていた。冷戦時に想定されていた第三次世界大戦では、ドイツが戦術核の戦場になるはずだったんです。一度はそういうふうにリアルに考えたことがあるものが、どこまで歯止めが利くのか。薄ら寒いものを感じます。あのマニュアルにあったキノコ雲の絵を見て育つとどうなるんだろう、と。

小泉　私の知り合いのロシア人は、ＣＢＲ防護服が職場にいっぱいあったと言っていましたね。職場単位で核戦争時の民間防衛体制があって、訓練もあったと。今回、ウクライナ人がみんな地下に避難してますけど、団地の地下にもシェルターがあるんですよ。ぼくの住んでいたモスクワの団地の地下にもありました。バラライカたちもそういう核戦争のリアリティの最前線にいた人たちなわけです。そう考えると、いざという時の核使用はためらわないんでしょうね。

片渕　いささかリアルすぎて本当に嫌な話だなと思うんですよ。

小泉　昔話や仮想的な話だと思っていたら、核使用をやるかやらないかをマジメに考えなきゃいけない世界が突然現れてきた。半年前までは可能性の問題だったものが、蓋然性の問題としてまじめに考えなければいけなくなった。断ち切ったと思ったものがぜんぜん断ち切れていなくて、ずっとここまでつながっているんだという感じがしますね。

ロシアが背負い込んだもの、西欧社会の責任

小泉　さきほどの、ロシアがこの戦争を総括できるか？　という話ともつながるんですけど、ロシアは第二次大戦をうまく総括できていなかったのではないか、という感覚をずっと持っているんです。督戦隊を出すといった途端に下ろされるといったお話もそうですけど、あの独ソ戦でのソ連の勝利の裏に、いろんな後ろ暗いものがあった。〝ナチズム〟という人類的な悪を倒したとロシア人は誇りに思ってるけど、そして実際、ソ連の第二次大戦はその意味で評価しないといけないにせよ、その陰でスターリンが自国民をどれだけ殺し、強制移住させたんですか、と。

ソ連の保安機関が、ドイツに協力していると疑って自国民の掃討作戦を遂行したり、チェチェン人や朝鮮族といったソ連内の非白人の人たちが、ドイツや日本軍のスパイになりかねないからと強制移住させられたわけですね。ある日いきなり集められて無蓋貨車に詰め込まれ、何千キロも運ばれたあげく、何もない極寒の平原におろされる。当然その過程でバタバタ人が死んでいく。結果、ドイツ軍が殺したのと同じくらいソ連の体制が自国民を殺した戦争でもあるわけです。

そういうことをロシア人はなかなか表立って非難することができなかったし、あの戦争の光の部分しか語ることが許されてこなかった側面が強くある。だから督戦隊が出てきたら反発するし、特にプーチンは、ソ連崩壊後のロシアのアイデンティティを「ナチスを倒した国」に求めたので、戦争の影の部分を余計言いにくくなっている。

今回、戦争が始まる前に、「メモリアル」という団体に解散命令が出たんですよね。スターリン時代の大粛清の記録をする団体で、歴史学者の先生たちが集団墓地に行って遺骨を数え、各地で処刑された人数を数えて膨大なアーカイブを作っていたんですけど、その活動が禁止されて、中心人物がペドフィリアだという汚名を着せられた……。

片渕　ナチスもそうですよね。こいつは同性愛者だとかいって粛清をする。理由をそんなところにつける。

小泉　いまロシアがやっていることは人道的に許しがたいんだけれど、そこに至る根は長らくあって、ロシア人自身も、また敗戦国民である日本人も、その非をロシアに対して突きつけられなかった。その火種がここにきて最悪の形で破裂してしまった。

片渕　最近、ラトビアの映画監督が作った『My Favorite War』というアニメーションドキュメンタリー（ラトビアで生まれ育った少女イルゼの成長を描く）を観ました。主人公が監督自身で、冷戦時代のソ連邦のラトビアで育った思い出を描いた作品です。父親に海辺へ車で連れて行ってもらった思い出、なんていうのが出てくるんですが、海岸はほぼソ連の要塞地帯なので肝心の海が見えない。でもここからだったら見えるよ、とこっそり眺めるシーンから始まるんです。

　この映画の監督は一九八〇年代くらいに子ども時代を過ごしたはずですが、学校では、第二次大戦でのソ連の英雄を讃えさせられる。そんなシーンも描かれる。ぼくらにとって第二次大戦は何十年も前に終わった話であるのに、旧ソ連のバルト三国ではついこの間のことのようにやらなきゃいけなかった。時間の感覚が一致しない。この話のラストは、ソ連崩壊でソ連軍がいなくなって、初めて浜辺に降りて海を見わたすシーンなんですが、そこだけ実写で本物の海を撮って、ちょっとじわりときました。

小泉　すごい演出ですね。

片渕　バルト三国では、第二次大戦から本当にずっと地続きどころじゃない感じになっていたんだなと。

　彼らにとっては無理矢理つながされるものであって、今でもそのシッポにつながれと言われている部分があるのだと、よくわかりましたね。

小泉　日本は政府にしても自衛隊にしても、我々は戦前とは断絶してきたと一生懸命強調してきましたよね。でもソ連の場合は、あの戦勝こそが国家のアイデンティティだったし、ソ連がなくなったあとのロシアは他にアイデンティティを見いだせずにそう言い続けてきたのですが、ソ連の中も一枚岩ではなかった。

バルト三国って、ソ連のスターティングメンバーじゃないんですよね。「モロトフ・リッベントロップ協定[10]」でソ連側が〝もらった〟場所なわけです。ですからバルト三国の人たちは、そもそも私たちは旧ソ連国民であった覚えはない、占領されていたという意識だと思います。

片渕　元をたどればドイツ騎士団領[11]ですからね。

小泉　そう。本当はロシア人とは違うアイデンティティだった。でも昔から何度もロシアの影響下に置かれて、直近ではソ連の一部に組み込まれていたわけですね。

ちなみに、今でもロシアの学校には大祖国戦争（第二次世界大戦のソ連、ロシアでの名称）の英雄を顕彰するコーナーがありますし、それ以降もロシアは戦争し続けてきたので、たとえばシリアで戦闘機パイロットが撃墜死したり特殊部隊員が戦死すると、出身小学校が「〇〇中尉記念小学校」と英雄を讃える名前に変更されたりしてきました。結局ロシアは社会全体の中に祖国の栄光がガッチリ癒着してしまっているわけです。その間、ロシアはシリアやチェチェン、そして現在のウクライナでの暴虐と、ずっと同じことをやってきた。これは私たちを含めた西側の人間の責任ですよね。

普通の穏やかな生活を、ロシアが無誘導爆弾でぶち壊し続けてきた。でも軍人たちを英雄と讃えるロシアを、ふわっと受け入れてしまっていたと思うんです。その点については、日本は戦後、安全保障に関してガラパゴスな国だとか平和ボケだとかお花畑だとか言われ続けてはきましたけど、でもやっぱり私は自衛隊が発足以来、一人も殺さず、なおかつ抑止力としてちゃんと機能してきた歴史のほうを誇るべきだと思います。

片渕　それは本当に同意できます。

小文字の安全保障と大文字の安全保障

小泉　少し前に秋田や山口でイージス・アショア問題[12]がありましたね。あのとき、ブースターが降ってきたらどうするのかという話になった。しかし防衛省もきちんと対応を考えていなくて、それは防衛省側の完全な不手際なんですけど、安全保障に積極的な層ほどあの問題には非常に冷淡だったんです。北朝鮮の核弾頭が降ってこようとしているときに、ブースターのことを心配してどうするんだと。それは確かにひとつのリアリズムではあるけれど、同時に、我が家にブースターが降ってくるかもしれないという不安は、非常にリアルな安全保障上の懸念だと思うんですよ。

いま中国が軍事的に台頭するなかで南西正面が重要度を増していて、宮古島などに基地が造られているわけです。このとき、その島での人々の暮らしを守るのが小文字の安全保障だとすると、基地を持つことで有事に人民解放軍と殴り合える能力が持てるのを抑止力と考えるのが大文字の安全保障の論理で、これは正しい。でも、大文字の話だけをしていると、そこで暮らす人々の生活を守るという小文字の話を、切り捨ててしまいがちなんですね。その小文字の安全保障がないと結局、日本国民全体の安全保障上の結束も保てない。大文字の安全保障側で生きている私から見た、小文字の安全保障への懸念を、私はずっと持ち続けているんです。

「世界の中心」と「世界の片隅」

小泉　今でも日本のあちこちに「この世界の片隅に」がある。国家から見るとそのことを矮小化しがちだし、スターリンが第二次大戦の時にやったことですよね。国家という単位だけで考えると、その中で生きている一人ひとりのことはどうでもよくなる。どうでもいいというか、むしろ国民が脅威であったりさえする。だから、とてつもなく残虐なことをやるわけです。

今プーチンが考えているのも、ルーシの民[13]とかスラブの民とかルースキー・ミール（ロシア語世界）とか、スラブの民を大統一するという野望なんだろうけど、そんなことをいっても結局、ウクライナにある「小さな片隅」をぶち壊しまくっているわけです。こんな戦争が、プーチンの望む成果をもたらすわけがない。スターリンにしてもプーチンにしても、為政者ってそんなふうになってしまうんですかね。

片渕　まぁ、一人ひとりの人生なんて考えていられない、という立場なんでしょうね。ぼくらのようにものを作ったり描いたりする側は、一人ひとりを見つめていくという立場なので、正反対な立ち位置なわけです。

小泉　一人ひとりのことを考えていると政治にならないという論理もよくわかるんですけど、政治の中心にいる政治家は、構っていられないのでなく、本当に見えなくなるんだと思います。

「世界の片隅」に対して、ここが「世界の中心」だと思ったことが二回あります。一度はサンクトペテルブルクに行ったとき、この壮麗な街の主人は世界の中心にいる心地になるだろうと感じました。もう一回はワシントンです。この街に身を置いて世界を駒のように動かす気分になったとすると、たぶん世界に「片隅」があるという認識が抜け落ちてしまうのではないかと。

そう考えると、「世界の片隅」に生きる人たちの生きざまを描くのが物語の力なんでしょうね。

今回の戦争を作品にするならば

片渕　自分では全然作りたいと思わないんですが、もし今回の戦争を映画にすることがあるとしたら、小さな個人たち一人ひとりの現実をいくつも連ねることにはなるでしょうね。たくさんの市民たち。戦場に放り込まれた人たち。政治家たちもまたそんな混沌の中の存在として。ネット上でランダムに出会ってしまった人たちの体験の集合体としての映画。プロパガンダというのは、ある特定の方向に情報を整えてひとつの物語を作るわけだけど、特定の方向を向いていないバラバラでいろんなものがごちゃまぜになっているのが、現実です。そうしたものをそのまんま描くべきなのだろう、と。そうした中では中心と片隅なんていう関係だって崩れてゆく。

小泉　（二〇二二年）五月から公開になった『ドンバス』という映画がありますよね。ウクライナのセルゲイ・ロズニツァ監督の作品で、ぼくは解説を書いたんですけど、ウクライナ東部のドンバス地方の「分離派」とウクライナ軍の軍事衝突を背景に、政治や社会が描かれる。実際にドンバスで人々がスマホで撮った映像をもとに、十三のエピソードから成るオムニバス作品です。誰もが戦争の被害者でありながら、うまく立ち回っている奴もいるし、加害者になる奴もいる。個々のエピソードが緩くつながりながら、戦場になった地域のとても複雑な状況が立ち現れる。今後は、そうした複層的な作品がウクライナ全土を舞台に描かれなければいけないだろうなと思います。

片渕　スマホの群れが同時多発的に戦争の日常を切り取って束ねていくのを見ると、ほんとうにえらい時代になったなと思いますね。今日SNSで観た動画の中で這いずり回っていた人の、別のアングルからの姿をいつか観られてしまうかもしれない。リアルタイムで戦争を見つめることが世界史の上でどれだけ希有なことかと。

チェチェンやシリアでも同じだったのにウクライナばかり応援して、という批判があるけれど、あの時こんな映像の洪水を提供していたら、世界の反応もまた違っていたはずです。その意味でスマホの普及率の高さはとても大事なことなんですよ。映像理論に照らすまでもなく、戦争を、歴史を見つめる目として。リアルタイムで観ている自分たちの心情の問題も含めて、画期的な状況に直面しているんだなと思います。

小泉　ＮＨＫの『映像の世紀』は、特定のカメラマンがいて、戦争の映像が撮られるようになったことで成り立っている特集ですが、今回私たちは、負傷している真っ最中にスマホ片手に戦争を撮っているとか、起きていることの解像度が二段も三段も上がった戦争を見せられている。監督のおっしゃる通り、それは人類史上初めてのことなんじゃないですかね。

片渕　スマホの普及率の高さは、軽く見られがちな「片隅」に重みを持たせる契機になり得ると思うんです。戦争の断片がそれだけ多く集まることになるわけですから。だからこそ、ロシアにフェイスブックやツイッターを止めさせたのはひじょうに大きな失敗だったと思いますね。

小泉　戦争の実相を、戦争をやっている国の国民に見せることは戦争を止める力としても期待したいけれど、一種の軍事作戦にもなりますね。

みんながスマホを持っていても、回線がつながらなければ「片隅」は「片隅」のままなわけで、今回、イーロン・マスクがスターリンクを提供して、世界とつながったのは二十一世紀的ですし、二十一世紀も捨てたもんじゃないなという感じもします。いろんな状況があることを知ってしまった我々は、誰かの一視点からではなく、ひとつの状況全体としてしかもう戦争を描けないんじゃないでしょうか。

片渕　もう、誰かひとりを主人公にできないでしょう。ウクライナでもロシアでもいろんな別々な立場の人たちが同時にこの状況に投げ込まれるという景色しか見えない。

ぼく自身が戦争についての創作的な感触を抱いたきっかけは、高校一年の春に古本屋で手にした、プリーヴィエという、ソ連に亡命してまさにスターリングラード市に住んでいた作家が戦時中に執筆した『スターリングラード』という本でした。大局の中から小さな個人を次々拾い上げてゆくというこの本の文学としての書かれ方にまず影響を受け、肉体が崩壊してゆくという戦争描写において影響を受けたんです。

この本のラストでは、降伏してソ連の捕虜となったドイツ第六軍将兵の行く先には薄明るいものがあるように暗示されて終わります。しかし、実際にはシベリアに連行されてとんでもない犠牲者が出てしまうわけです。希望などなかったことをプリーヴィエは知るようになって、戦後『モスクワ』『ベルリン』をさらに書き足して、ソビエト・ロシアの矛盾を語るようになってゆきます。

『スターリングラード』の読書体験が、『この世界の片隅に』にまでつながっているんですけど、立場の違ういろんな人がいて、それぞれ違う心情とか思惑とかで蠢《うごめ》きあって、でもそれが戦争というひとつの状況に放り込まれている。それが今見ているウクライナの印象で、そうした視点は自分の中でもう変えられない気がしています。

註

（1）一九七〇年代の在日米軍基地の統合計画。都市化した関東平野に所在する米空軍基地を削減し、その大部分を横田基地に統合するとともに、六つの基地を日本側に返還するというもの。

（2）第二次世界大戦末期の日本海軍の局地（迎撃用）戦闘機。空戦時に自動で作動する自動空戦フラップと呼ばれるシステムを装備していた。

（3）大日本帝国海軍が建造した大和型戦艦の一番艦。

（4）第二次世界大戦と朝鮮戦争でアメリカ海軍が運用した戦闘機。

（5）第二次世界大戦後半にアメリカ海軍で運用されたカーチス・ライト社開発の偵察爆撃機。

（6）第二次世界大戦中盤以降に使用されたグラマン社の戦闘機。愛称の「ヘルキャット」は「地獄の猫」の意味。

（7）広江礼威氏の原作漫画を片渕須直監督によりアニメ化したもの。東南アジアの架空の犯罪都市ロアナプラを舞台にしたクライム・アクション。

（8）自軍部隊を後方から監視し、勝手に逃亡または退却する行動をとった者を攻撃、戦闘続行を強制するための部隊。第二次世界大戦中、旧ソ連ではスターリン直属の〝スメルシュ〟がその任に当たった。

（9）『BLACK LAGOON』の主要人物の一人で、ロシアン・マフィア「ホテル・モスクワ」の大幹部。ロアナプラ地区の頭目を務める。出自は軍人で、かつての部下も多く付き従っている。

（10）独ソ不可侵条約の秘密協定のこと。署名したモロトフ、リッベントロップ両外務大臣の名前を取ってこのようにも呼ばれる。独ソ両国によるポーランドへの侵攻、ソ連によるバルト三国併合とフィンランドに対する戦争などは、この議定書により暗黙裡に行われた。

(11)　エストニアとラトビアは十三世紀よりドイツ騎士団領になり、ドイツ人が先住民を支配した。
(12)　建造に四千五百億円の巨費が見込まれた新型迎撃ミサイルシステム「イージス・アショア」の配備計画の停止を二〇二〇年六月、河野太郎防衛大臣（当時）が突如発表した。
(13)　九〜十三世紀にかけて、現在のウクライナやロシアにまたがる地域にあった東スラブ人の国、「キエフ・ルーシ」。プーチンはロシアもウクライナもこの同じ国にルーツを持つ兄弟であると主張、今回の侵攻のひとつの根拠としている。

V

「独裁」と「戦争」の世界史を語る

×ヤマザキマリ

ロシア軍によるウクライナ侵攻から四カ月近く。戦争の規模が大きくなればなるほど、戦地の惨状から離れた地では、それが他人事になっていく。プーチンの支持率はなぜ高いままなのか。漫画『プリニウス』でローマ帝国の皇帝ネロの実像に迫ったヤマザキマリさんと、歴史上の独裁者たちの顔について語りながら、戦争の世界史を考える。

（2022年5月18日）

ヤマザキマリ

1967年、東京都生まれ。漫画家・文筆家。東京造形大学客員教授。84年からフィレンツェの国立アカデミア美術学院で美術史・油絵を専攻。2010年『テルマエ・ロマエ』で第3回マンガ大賞、第14回手塚治虫文化賞短編賞受賞。15年度芸術選奨文部科学大臣新人賞受賞。著書に『プリニウス』(新潮社、とり・みきと共著)、『オリンピア・キュクロス』(集英社)、養老孟司との共著『地球、この複雑なる惑星に暮らすこと』(文藝春秋)など。

2022年2月24日	プーチン大統領がウクライナ東部での「特別軍事作戦」の実施を発表。首都キーウなどへのミサイル攻撃や空爆が始まる
27日	プーチン氏が核を含めた戦力を「特別態勢」にするよう命令
3月4日	ロシアで「フェイクニュース法」が成立。「偽情報を流した」と当局がみなした記者らが最大十五年の禁錮刑に処されることに。各国メディアはロシアでの取材活動の中止を余儀なくされる
6日	ロシア軍がハルキウの核研究施設を攻撃
8日	ゼレンスキー大統領が英議会でオンライン演説
14日	ロシア国営テレビの編集者が生放送で「戦争反対」を訴える
16日	ゼレンスキー氏が米議会でオンライン演説
30日	ロシアの独立系世論調査機関レバダ・センターの発表によると、プーチン大統領の国内の支持率は八十三パーセントに。ウクライナ侵攻前に比べて十二ポイント上昇
5月12日	国連難民高等弁務官事務所（ＵＮＨＣＲ）によると、二月のロシアによるウクライナ侵攻開始後、ウクライナから国外に逃れた難民の数が六百万人を超えた

フェイクニュースと言いたがる独裁者

小泉　ヤマザキさんの『テルマエ・ロマエ』と『プリニウス』の熱心な愛読者です。古代ローマ人のプリニウスはまず澁澤龍彦の作品を通じて博物学者として知りました。同時にローマ艦隊司令長官でもある人ですから、軍事オタクの私としては物語の展開から目が離せません。

ヤマザキ　軍事とロシアに関する小泉さんの豊富で鋭い知見には多くの人が注目していますから、メディアに引っ張りだこですね。

小泉　もともとただのオタクなんですが。二〇一四年にロシアが軍事力を行使してウクライナのクリミア半島をあまりに容易《たやす》く編入してしまったとき、仮想戦記のごとき出来事が現実に起きたことに衝撃を受けました。冷戦終結から四半世紀を経て、どうしてこのようなことが起こるのか、そもそもロシアは何がしたいのか。そこからロシアの地政学や秩序観についても考えるようになりました。

ヤマザキ　ウクライナの現状をより詳しく知りたいと思っても、メディアは相反する情報で溢れています。私は日本とイタリアに拠点を置いていることからイタリアのニュースもチェックするのが習慣になっているので、日本でもヨーロッパでも情報が錯綜していることがよく分かります。

小泉　フェイクニュースがかなり混在しているからですね。あえて実態が分からないようにするというロシアのオペレーションとして発信されているケースも少なくないと思われます。

ヤマザキ　テクノロジーの進化によって私たちは多様な情報を得ることができるようになったと思いきや、何か重要な決定を下すときに判断の元となる情報がフェイクかもしれない。情報の扱いは今後益々慎重さが求められていくでしょう。

小泉　ロシアでは三月に、「当局がフェイクニュースとみなした報道を禁じる法律」が成立しました。ニュースの真偽に関係なく、当局は都合の悪いニュースはすべて「嘘」ということにできるようになったのです。

ヤマザキ　アメリカのトランプ前大統領が自分にとって不利なニュースをフェイクだと言い張っていた姿が記憶に新しいところですが、プーチンは法制化までしてしまいましたか。

ロシアの独立系世論調査機関「レバダ・センター」が三月下旬に実施した調査では、プーチンの支持率は実に八十二パーセントでした。支持率が高いのは、国民の多くが政権に都合のいい報道にしか接することができないからだとも言われています。確かに情報に判断を操られることはある。しかしメディア統制だけで支持率をここまで上げられるものなのか疑問に思っていました。

マフィアのファミリーとの共通点

小泉　プーチンの権力構造にはマフィア的な側面があると思います。マフィアというのは、それが誕生したときは反社会勢力ではなく住民の互助システムでしたよね。日本の感覚ではマフィア＝ヤクザだけど、英語ではもう少し広い意味がある。アメリカ空軍では戦闘機乗り出身者を「ファイター・マフィア」と言ったりしますが、緩やかに価値観や利益を共有する団体というニュアンスだと思います。

ヤマザキ　イタリアのマフィアは、地政学上軍事や海運の要衝となるために様々な国からの侵略に遭い続けた中世のシチリア島において、自らの農地を守ろうという反権力的意識から結成された組織です。組織はやがてボスの下に幹部や構成員が集まる「ファミリー」となり、その一部が移民先のアメリカで同様の結社を組織し、そこにアル・カポネのようなボスが現れるわけです。
現代のイタリアでも、利権と結び付いたファミリーがある一方で、クリーンなまま継承された血族主義の組織が、ビジネスや地域の互助システムとして、普通に散見されます。

小泉　ロシアの社会もそれによく似たところがあると思います。ロシアの場合は昔から公的なシステムに対する国民の不信感が根強く、公に頼らず身内で助け合ってきました。こういう非公式の助け合いは「法」ではなくローカルな「掟」に基づいているので近代的な秩序には馴染まない。この「掟」に基づく互助構造の総元締めがプーチンなのだと思います。イタリアの元首相ベルルスコーニもファミリーの親分ですよね。

ヤマザキ　彼自身はマフィアとの関与は否定していますが、そもそも闇の多いメディア帝国の王でしたからね。まったく繋がりがなかったとはなかなか思い難い。なにせありとあらゆる利権を手中に収めていた人ですから。

小泉　プーチンとベルルスコーニは気が合いました。十年ほど前にプーチンの目が急につり上がってキツネ目になったのですが、ベルルスコーニに薦められてプチ整形したらしいです。
ちなみにプーチンが「歴史上尊敬する人物は」と聞かれて挙げるのは、初代ロシア皇帝のピョートル大帝と二十世紀初頭のロシアの首相ストルイピン。どちらもロシアをよくするために近代化を推し進めた人物ではあったけれど、上からの近代主義者なので、逆らう者は徹底的に粛清するという方向性に愛国心が発揮されるんですよね。

ヤマザキ　なるほど、愛国心ゆえなわけですね。

小泉　そうです、プーチンは善意で政治をやっている。でも最初の十年はうまくいったけれど、後半の十年はやることなすこと空回りしていますね。

ヤマザキ　プーチンは、思惑通りの自分を象《かたど》ろうと誇張し過ぎた為に実態が消えてしまった人という印象があります。イソップ童話の身体を膨らませて大きく見せようとして破裂してしまうカエルを思い出します。

小泉　逞しいリーダーをアピールするときは、国民の前で裸で泳いでみせたり、上半身裸で馬に乗ってみせたりしました。でも、そうやって二十二年間も彼なりの理想の権力者像を演じているうちに、演技力は徐々に落ちてきたんじゃないでしょうか。特にコロナ以降は引きこもりがちで、かつてのような派手なパフォーマンスは稀になっています。

ヤマザキ　年齢的にも誇張するのは相当しんどいはずなんですが。

小泉　一方のゼレンスキーは三年前まで人気コメディアンでしたから、演じる力はまだまだ残っています。

ヤマザキ　イタリアのテレビで観たことがありますが、ゼレンスキーは自分の番組ですぐに服を脱ぎますよね。

小泉　全裸は彼の持ちネタですよね。もっぱら話題になるのは演説のうまさですが、笑いをとることに長けているからこそ、今回も人の心を摑んだのだと思います。さらにゼレンスキーは政権に批判的なメディアに圧力をかけたり、親露的なテレビ局を停波処分にしたりしました。良くも悪くもメディアを通じて戦うリーダーです。

ヤマザキ　全裸にはなっても、自分の見せたい裸しか民衆には晒さない。エンタメ性を発揮することで民衆を統轄しようとするのはプーチンもゼレンスキーも同じですね。

　小泉さんにお読みいただいているプリニウスが生きた時代の皇帝はネロです。十六歳で皇帝の座に就いたネロは、民衆からの支持を集めるのに圧倒的な力を発揮するのがエンタメであることに気がつき、民衆で満杯にした劇場のステージに立って下手な歌を披露したり、悲劇の主人公を演じてみせたりしました。理論ではなく感覚から民衆を操作できるエンタメに目をつけたという意味では画期的な皇帝だったと思います。彼は笑いであろうと音楽であろうと、民衆にはそうした芸によって自分達の生きる不安や苦悩を払拭してくれる人物を崇める性質があるということをしっかり分かっていたわけです。

小泉　ヤマザキさんが描くネロは、ローマを焼き払ったステロタイプの暴君ではなく、火はつけていないし、繊細で、あまりに若く皇帝の座に就いたために毒母や周囲の大人に振り回されて、精神がボロボロでした。

ヤマザキ　ネロを象る上であらゆる文献を参考にしましたが、なかでもジェラール・ヴァルテルの『ネロ』（みすず書房）は、ネロがローマを焼き払ったという通説を見事に覆していて大変参考になりました。

小泉　ヤマザキ版皇帝ネロは、母親を殺す理由も通説とは違って、むしろネロに同情してしまいます。孤独を抱え、最後は自裁する。皇帝ネロはやはり独裁者の祖型ですね。独裁者は結局、ネロと同じ道を辿っていくのでしょうか。

ヤマザキ　ヒトラーも絵画を嗜《たしな》む人でしたが、権力にはこうした芸術やエンタメが深く結び付いているわけです。

　ところでプーチンと仲良しの独裁者といえばリビアのカダフィなんかも思い出しますね。四十二年の長きにわたって独裁者として君臨し、最後はＮＡＴＯ軍の支援を受けた反政府勢力によってあっさり殺害されてしまいました。プーチンはカダフィのようになることを非常に恐れているそうですね。

小泉　カダフィは「中東の狂犬」と怖れられた。「恐るべき独裁者」といわれたのはスターリンです。大粛清を断行し、後世に批判されることになりました。このスターリンのパフォーマンスは、「一日に本を五百ページ読む」というインテリアピールでした。このように人々から恐怖と尊敬の眼差しで見られるというのが一つの独裁者のタイプです。

一方、若干〝おもしろおじさん〟の空気感を醸し出すことによって、嫌われながらも妙に愛されてしまうという独裁者もいます。

ヤマザキ　カダフィもやはり笑わせることで民衆に近付けると知っていたのでしょう。

小泉　ベラルーシのルカシェンコ大統領はチョビヒゲを蓄えたぷっくりとした体形で一見愛嬌があります。しかし、東京オリンピックでは同国の女子陸上選手が強制帰国させられることになり、一時行方をくらましました。帰ったら何をされるか分からないから怖かったんですね。二〇二〇年の大統領選で反ルカシェンコ運動が盛り上がって以来、独裁者としての牙が剝き出しになったように思います。

ヤマザキ　ベルルスコーニは、自分が裁かれそうになるとあらゆる手を駆使して罪から逃れることに成功してきた人です。イタリア人たちは「とんでもないやつだ」と非難するのに、次の選挙ではまたなぜか彼が圧倒的な支持を得る。その繰り返しでした。嫌いであることと政治家としての才能を認めるという視点は別なんでしょうね。

政治家をギャップ萌えでイジるのは危険

小泉　ギャップ萌えという言葉があるとおり、為政者が時折見せるちょっとかわいらしいパフォーマンスに、我々は意外と弱い。プーチンは日本でも人気がありましたよね。本当はとんでもないものと我々は正対しているのだと、今回の戦争で思い知らされました。ですから、政治家をイジるのは危険ですね。イジられることで人気が出てしまうことがあります。ところで、ベルルスコーニは健在ですか。

ヤマザキ　体調面では入院したり、見た目も和紙細工のようになってしまいましたが、その圧力は未だ健在です。

小泉　そこがプーチンとベルルスコーニの大きな違いです。イタリアは曲がりなりにも民主国家なので、ベルルスコーニは権力の座を追われた後、和紙細工みたいになりながらも次の人生を歩んでいけるわけです。

プーチンにはそれができません。政権が転覆したらカダフィのように殺されてしまうかもしれない。自ら勇退したとしてもどういう目に遭うか分からない。だから死ぬまで権力者をやるしかありません。

ヤマザキ　その怯えが、自分を鼓舞するかのように彼をウクライナ侵攻に駆り立てたのでしょうか。

小泉　そうなのかもしれません。プーチンは頑なに、これは「特別軍事作戦」であると言います。彼が思い描いていた青写真は、侵攻が始まって数時間でゼレンスキーを逮捕し、十五万人のロシア軍が進駐軍として入っていくというものだったと思います。だから、「特別軍事作戦」と言ったのでしょう。

ヤマザキ　どこからどう見ても「戦争」なのに。

小泉　ロシア語で「戦争」は「ヴァイナー」といいます。プーチンはテレビカメラの前で一度、「ヴァイ……」まで言いかけたことがあるんです。つまり、彼が見てもこれは戦争なんですね。それでも「特別軍事作戦」と言い張るのは、国際法上戦争は禁じられているので戦争と言うわけにはいかないとか、簡単に片をつけて戦争に発展させたくなかったとか、国民にこれが戦争だと思わせたくないとか、いろいろな理由があると思われます。

しかしレバダ・センター（前出）の調べによると、国民の約八割が「特別軍事作戦」が何を意味するのか分かっていませんでした。実は私も分かりません。ロシアの国防法など軍事に関連する法律を読み返してみたんですが、「特別軍事作戦」についてはどこにも定義されていないのです。

ヤマザキ　ということは、プーチン自身も「特別軍事作戦」とは何なのか、自覚できていないということですね。

小泉　ですから、つくづく変な戦争をやっていると思います。ロシア軍の侵攻兵力は十五万人ですが、ウクライナ軍も陸軍と空挺軍が十五万人いて、さらに内務省の重武装部隊とか国境警備隊が十万人います。そこにウクライナは国民に総動員をかけていますから、現在は七十万人で戦っているとゼレンスキーは言っています。そうやってお互いに万単位の死者を出しながら、このよく分からない戦争をしているのです。

戦争をどう終わらせるか

ヤマザキ　死ぬまで権力者でいなければならないプーチンは、この戦争をどう終わらせるつもりなのでしょうか。核を使う可能性もあると言われていますが、でもそれはロシアにとっても致命的な決断を意味するわけですよね。

小泉　そもそも戦争に勝利するとはどういうことか。我々が陸棲生物である以上、勝ち敗けはその土地を占領するかどうかで決まります。

「兵士のブーツで踏みつける」という言い方があります。ある地域を占領、もしくは相手の占領から解放するためには、実際に地上部隊がそこに行って、つまり兵士のブーツが踏みつけて初めて占領、あるいは解放が達成されるんです。

ヤマザキ　そこは昔と変わらないのですね。どんなにミサイルを撃ち込んで壊滅的被害を与えても、最終的には人間が土地を占領しに行かなければならない。

小泉　ウクライナでもその光景が見られましたね。占領できずに撤退、すなわち敗けた場合は、それでも「ロシア連邦」という国家は存続できるけれど、プーチンの権力は危うくなる。

ヤマザキ　カダフィのような末路を辿ることが、にわかに現実味を帯びてきます。

小泉　ですから現時点で予想されるシナリオは、プーチンが総動員をかけて戦争をエスカレートさせることです。もし、数をもって戦っても敗けた場合、プーチンに残されているのは核しかありません。つまり、「人類の命運」と「プーチンという男一人の権力」を天秤にかけるという構図がロシアにはあるのです。それが独裁の本当によろしくないところです。

ヤマザキ　とすると、ペレストロイカ以降のソ連・ロシアというのはいったい何だったのかと改めて考えてしまいます。私はゴルバチョフが大きく民主主義に舵を切ったペレストロイカも、その後のソ連の崩壊もイタリアで見ていました。思えば十七歳でイタリアに留学するとき利用したのがアエロフロートで、私が座ったシートが根こそぎ外れてしまい、ＣＡに「あんたが立つと座席が取れるのを皆が見るからじっと座ってて！」と怒られたことがあります。昨今のアエロフロートのビジネスクラスでは、食事の際にＣＡがそれぞれのテーブルの上にバラを一輪置いて回るんですが、その取ってつけた感満載のわざとらしいサービスに思わず笑ってしまいました。

ドストエフスキー『悪霊』は重いラノベ

小泉　民主主義の足が地に着いていないという危うさですね。ただバラについては、ロシア人は過剰演出が好きなんです。みんなが過剰に演じるところも多分にあり、だからフィギュアスケートも情感たっぷりの演技が上手いのだと思います。

私はドストエフスキーの小説では『悪霊』が一番好きなんですが、主人公のひとりスタヴローギンも何でも過剰に演じて、自分に酔っているところがあり、いかにもロシア人らしいです。美青年の主人公が病んでいる、自殺に追いやった少女が現れる……、そんな話がどんどん展開する『悪霊』は「重いラノベ（ライトノベル）」であると私は思っています。

ヤマザキ　『悪霊』がラノベというのは新解釈（笑）。

小泉　ところで、イタリアでは今回の戦争についてどう捉えられているのですか。

ヤマザキ　議論好きのうちの家族とオンラインで話すと「ゼレンスキーの言い分を受け取るだけの見方は間違いだ」と断言するところから議論が始まります。安直にどちらかの正当性を見極めようという姿勢ではない。

戦争自体については、彼らにははるか昔から他民族や他宗教との争いが繰り返され続けている歴史がありますから、またやっている、でもいつかは終わる、今はこうやって生き延びていくしかないが、やがてまた別の時代が来る、という客観的かつ長いスパンで捉えています。いまは過去のあの時代のあのフェーズの辺りにいるな、と古代からの歴史の経験と照らし合わせて考えるのです。

今回のコロナ禍にしても、第一次世界大戦の終焉時期のスペイン風邪パンデミックとその後の社会動向を照らし合わせる人が多いです。大戦後ドイツがベルサイユ条約で賠償のための多額の負債を抱え、経済的に脆弱化していた中に卓越した言論能力を持ったヒトラーという男が現れて、みな彼に縋りついてしまう。今回のパンデミックや戦争を見ていると、必然的にそんな百年前の顛末を思い出してしまうわけです。

小泉　私もこの一九二〇年代には不気味なものを感じていて、まさに戦間期なわけですね。今、似たような条件が揃っていますが、重ね合わせみたいな時代にならなければいいと思いますし、重ね合わせに近づいているという不安も覚えます。

安全保障を他国に依存すると「主権」がないのか？

ヤマザキ　戦争がいつまで続くか読めない不穏さもさることながら、イタリアの家族とは難民問題についてもよく議論します。イタリアなど欧州にとっては切実な現実問題であるからです。「アラブの春」以降、イタリアには中東からもアフリカからもたくさんの難民が流入してきました。治安の悪化といった危険性に加え、失業率の悪化などイタリアの経済にも大きな影響を及ぼします。人道的には受け入れたくても、現実的な問題はかなりシビアです。

小泉　私が日本の言論空間でこの戦争に関して発言すると、ＳＮＳなどにたくさんの反応があり、研究室には怪文書も届きます。それらを読んで分かったことがあります。左の人たちが、昔の名残で何となくロシアを擁護するというのは分からなくもないのですが、驚いたことに、右の人もロシア擁護に熱心なんです。

ヤマザキ　アメリカに対する反発があるからですか。

小泉　そうなんです。右の人も左の人も日本はアメリカに従属させられていると思っているんですね。プーチンは公然と、「日本政府がどの程度の主権を持っているのか疑わしい」と発言したことがあります。外国に安全保障を依存するような国は、同盟の盟主から主権を制限された状態にある。つまり、日本はアメリカに逆らえない国ではないかと言っているんです。

プーチンのこの主張が日本の右の人にも左の人にも響いているんです。

ヤマザキ　なるほど。イタリアは古代から周辺勢力による侵略や統治が繰り返されてきた国です。第二次世界大戦後、この国もやはり敗戦国としてアメリカに抗えない状況に置かれるわけですが、過去の経験を踏まえ主権国家のあり方について過剰反応をする人はあまり見受けません。プーチンは、同盟に依存することなく自国で安全保障を全うできる国が主権国家だと言っているのですか。

小泉　そのとおりです。現実的には核を保有していることになりますから、米、露、英、仏、中国、インド、パキスタン、イスラエル、そして北朝鮮の九カ国のみで、日本もドイツもイタリアも「主権を制限された国」扱いなんです。

ヤマザキ　主権の捉え方は、それぞれの国を司る宗教や倫理観によって違ってきますから、何をもって主権とするのか、お話を伺っていると、しみじみその概念は共有の領域にないように感じますね。

小泉　ロシア人と接していると、なぜそこがそうなる、みたいな、宇宙人と話しているような気分になることがあります。ちなみにうちの奥さんもロシア人なんですが。

ヤマザキ　私もイタリア人の夫といるときはイタリア式メンタリティのスイッチを入れますが、夫や夫の家族は日本的な解釈の理解を試みてくれないので辛抱の連続です。

道徳観を考えさせる『シベリアの掟』

小泉　そういえば、ヤマザキさん、ニコライ・リリンの『シベリアの掟』という本を読まれたことはありますか？　イタリアでベストセラーになったんですけど。

ヤマザキ　『シベリアの掟』ですか？

小泉　かつてシベリアに犯罪者の流刑地があったんですけど、彼らはスターリン時代にモルドバに強制移住させられたんです。その犯罪共同体の掟を守りながら育った人の自伝的小説なんですが、ソ連崩壊のなかで外からの価値観がなだれ込んできて、彼は最終的にその社会に嫌気がさしてイタリアに移住する。だから初版もイタリア語で書かれているんです。

ヤマザキ　面白そうですね！　その話を聞いてすごく納得がいくことがあります。イタリアって日本と匹敵するくらいの超高齢社会で、コロナで亡くなった人たちも多かったわけですけど、その結果何が起きたかというと、働き手が足りなくなったんです。そこで外からやって来た労働者たちのほとんどがモルドバ、ウクライナ、ルーマニアからだった。

でもイタリア人にとってはモルドバ人たちのメンタリティが分からないんです。夫の実家でも三人ぐらい雇ったんですが、働いてもらっているときには親切なのに、帰るときにはみんな盗みを働くんです。おばあさんの指輪を盗ったり、平気で嘘をついたり……。これはどういうこと？　と思っていたんです。

小泉　それは、『シベリアの掟』では悪いことではないんですよね。

ヤマザキ　つまりは道徳観念の違いですね。倫理が共有できない。

小泉　そうなんです。彼らはそれを極めて道徳的な行為としてやっている。彼らの社会では金持ちを殺したり、盗んだりすることはよいこととされて、『シベリアの掟』の中では、「犯罪者」という言葉は「とても善い人」という意味で使われるんですね。「おまえは犯罪者の風上にも置けない」と（笑）。犯罪者であることは、〝シベリアの倫理〟に従うわけです。

ヤマザキ　ずるいことが美徳だというイタリアとかアラブ諸国のメンタリティとある意味で似ていますよね。そのずるさは犯罪まではいかないにしても、清濁併せ呑んだ多面的なものですから。

小泉　だから日本人の、特に平成以降の極めてお行儀のよい感じとか、ルールを律儀に守るのとは違う道徳観の世界って、世の中にいっぱいある。

私は子どもの頃から、「国際化」は無条件によいことだと言われてきた世代ですが、いざ外国と付き合ってみたときのしんどさみたいなものは、国際化を目指す上で絶対に認識しておいた方がいい。

ヤマザキ　国家間で問題が発生し、齟齬が長引くと、戦争という手段でさっさと片付けたくなるのは人間という生態の性です。でもそこをひとまず忍耐力と寛容と諦観で受け止めれば、戦争の勃発の抑制にはなるかと思います。異なった文化圏の家族を持つ小泉さんと私は、そういう意味でも、平和に対していくらか修練された意識を持っているのかもしれませんね。

Ⅵ

徹底解説　ウクライナ戦争の戦略と戦術

×高橋杉雄

ロシアのウクライナ侵攻から五カ月目。
ウクライナ東部ドンバス地方では互角の戦いが続いていた。
水、高地、平野など地の利を活かした攻防戦。
戦車やドローン、ミサイルなど戦局を左右する新旧の兵器。
長期化するウクライナ戦争を、ロシアとウクライナ両軍の
戦略と戦術に着目して徹底分析。現代の戦争の実態とは。

（2022年6月28日）

「聖ジャベリン」：朝日新聞提供

高橋杉雄（たかはし・すぎお）
1972年、神奈川県生まれ。防衛省防衛研究所防衛政策研究室長。早稲田大学大学院政治学研究科修士課程修了、ジョージワシントン大学コロンビアンスクール修士課程修了。専門は現代軍事戦略論、日米関係論。共著に『新たなミサイル軍拡競争と日本の防衛』（並木書房）、『「核の忘却」の終わり：核兵器復権の時代』（勁草書房）など。

2022年2月24日	ウクライナの首都キーウなどへミサイル攻撃や空爆が始まる。ロシア軍がチョルノービリ原発を占拠
3月3日	ロシア軍が南部ヘルソンを制圧
9日	キーウ東に位置するブロバルイでキーウ攻勢の戦いが始まる
16日	ロシア軍がウクライナ南東部のマリウポリの避難所となっている劇場を空爆
25日	ロシア軍参謀本部のルツコイ作戦本部長がウクライナ東部の支配確立に集中する意向を表明
4月2日	ウクライナ側がキーウ州全域が「解放された」と表明
18日	ゼレンスキー大統領が東部ドンバス地方へのロシア軍の本格攻撃が始まったと表明
21日	ロシアのショイグ国防相がマリウポリを掌握したとプーチン大統領に報告
5月5日	ウクライナ東部のドネツ川での戦いが始まる
7日	ロシア軍がウクライナ東部ルハンシク州南西部の都市ポパスナを制圧
9日	ロシアで第二次世界大戦の対独戦勝記念日。プーチン氏は侵攻を正当化
27日	英国防省は、ウクライナ南部への侵攻を担うロシア軍が、約五十年前に製造されたT-62戦車を前線に配備した可能性があると分析。「近代装備が不足」と指摘
31日	米バイデン大統領、高機動ロケット砲システム「ハイマース」（ＨＩＭＡＲＳ）のウクライナへの供与を表明
6月25日	ロシア国防省はルハンシク州の要衝セベロドネツクを制圧したと声明

なぜウクライナに善戦が可能だったのか

小泉　二月二十四日にロシアがウクライナに侵攻してから、五カ月が経とうとしています。当初、首都キーウは数日で制圧されるだろうと見られていましたが、大方の予想に反してウクライナは徹底抗戦しました。現在も東部のドンバス地方で互角の戦いが続いています。

軍事力でロシアに大きく劣るとされていたウクライナが、なぜここまで善戦しているのか。この対談では特徴的な戦略や戦術に注目して、徹底解説していきたいと思います。

高橋　私が最初に取り上げたいのは、ロシア軍の序盤の動きです。侵攻開始当初、ロシア軍は電撃侵攻を試みました。一気に首都キーウを制圧し、ゼレンスキー大統領を捕縛ないし、殺害しようとした。

しかし、そんなに上手くいくはずはないと、私は思っていました。フセインやカダフィなど、相手の最高指導者を狙う作戦は歴史上何度も試みられていますが、成功したのはパナマのノリエガ将軍を捕縛した「ジャスト・コーズ」作戦しかないからです。

キーウに対するロシアの攻撃は主に二つの方向から来ていました。一つはドニプロ（ドニエプル）川の西側、ベラルーシの国境から南下していった部隊。もう一つが、東部のスムイ方面から西へと向かっていった部隊です。それらの部隊でキーウを包囲して、四六時中、砲爆撃を浴びせ、ウクライナを事実上の降伏に追い込む。それがプーチンの当初の構想だったのだと思います。

小泉　ロシア軍はかつてない規模の戦略機動をおこなって、キーウを狙いにいったと言えます。相当な気合が入っていました。

例えばベラルーシ方面から入ってきた部隊は、東部軍管区の第35軍と第36軍で構成されていた。東部軍管区は中国を相手にしている軍管区なので、ある程度の重兵力を持っている。その中でも一番規模のデカい主力部隊を、シベリア鉄道でガタゴトと運んできたわけです。キーウを東側から攻めた部隊には、西部軍管区の第1親衛戦車軍が入っていました。こちらも戦車と装甲車を中心に構成されている、かなりの精鋭部隊です。

高橋　当時の状況を見ていて気になったのが、東側からの部隊のスピードが速すぎたことでした。通常は一日あたり十キロを超えれば速いほうですが、一週間に百キロのペースで進んできていた。かなり限界に近いスピードだったので、「これはウクライナに反撃のチャンスがあるな」と思っていました。

というのも、実は戦車って自家用車よりも壊れやすいので、無理をして進めば進むほど脱落して数が減っていくんですね。ウクライナ側に入り込むほど補給状態も厳しくなり、隊列も乱れていきますから、反撃のチャンスになります。

趨勢を決めた「ブロバルイの戦い」

小泉　高橋さんの予想通り、東からの部隊が弱りきったところで、ウクライナ軍は反撃に出たわけです。

高橋　象徴的だったのが、三月九日に始まった「ブロバルイの戦い」となります。ブロバルイはキーウのすぐ東に位置する都市ですが、首都ギリギリまでロシア軍が迫ってきたところを、ウクライナ軍がミサイルでダダダダッと撃破していった。そうやって東からの部隊を食い止めた後は、北側に転進します。ベラルーシ国境から南下してきていた部隊も迎え撃ちました。

小泉　ブロバルイの戦いでは、ロシア軍中央軍管区の虎の子である第90親衛戦車師団が、壊滅的な打撃を受けたようです。ロシア軍侵攻の〝背骨〟をへし折るくらいの、大きな成果をあげました。

高橋　このように相手をギリギリの地点まで引き込んで、乱れ切ったところで迎え撃つのが「機動防御」と呼ばれる作戦です。この機動防御をウクライナ軍が有効に活用できたことで、キーウを守り抜くことが出来た。

小泉　もちろんウクライナ側も相当な数の犠牲を出しましたが、現場の兵士たちが死ぬ気でやり切った。最後まで諦めなかったからこそ、緒戦をなんとか凌ぐことが出来たのだと思います。

高橋　開戦初期の展開のなかでは非常に際立った戦闘で、後世の教科書で紹介されてもおかしくないレベルですね。ロシア軍に大打撃を与えたことで、その後の戦局の趨勢を決定づけたと言えます。

各地で描かれた「聖ジャベリン」

小泉　ロシア軍の侵攻を食い止めるのに大きな役割を果たしたのが、アメリカから大量供与された対戦車ミサイル「ジャベリン」でした。自前の軍隊に加え、ジャベリンを活用したことで、ウクライナ軍は数多くのロシア戦車を撃破することに成功しました。

高橋　ジャベリンの総重量は二十キロ程度で、歩兵が肩に担いで目標を攻撃します。ミサイルを自動誘導する「撃ちっぱなし式」のため、発射後に速やかに退避することができるのも特徴の一つです。

小泉　僕が面白い現象だなと思ったのは、「聖ジャベリン」なる現象が巻き起こったことですね。聖女マリアがジャベリンの発射機を抱いているイラストが、インターネット上で数多く拡散されていったのです。なんと公式サイトもできていて、ステッカーやマグカップなどのグッズが販売されています。要するにジャベリンが擬人化され、救国のシンボルとして扱われているのです。

他にも、ウクライナの住宅の壁に描かれた聖ジャベリンが話題になりました。

高橋　（写真を見ながら）これ、すごいですね（179頁参照）。

小泉　旧ソ連圏を訪れると、団地の壁に絵が描かれていることが多々あるんですよ。その国や町にとって最も大事なシンボルが壁画になっている。例えば空軍の飛行訓練センターがある町では、官舎の壁にパイロットたちの英雄像が描かれていたりします。

高橋　写真を見るとかなり大きな壁画に感じますけど、どうやって描くんですかね。

小泉　私も気になっていたんですが、ロシアを旅した時に制作現場に遭遇したことがあります。プロジェクションマッピングってあるじゃないですか。プロジェクターを活用して、建物などの物体に映像を投影する技術です。あれを利用して、団地の壁にイラストの下書きを拡大して映すんですよ。下書きに沿って線を引く作業を繰り返し、それが終わったら色を塗っていく。

高橋　なるほど……。当初は非常に使いやすいと言われたジャベリンですが、実際のところは扱いが難しいらしいです。というのも、ジャベリンの操作運用マニュアルは二百六十ページほどもあって、本来なら八十時間の講習が必要とされている。特に、赤外線センサーを冷却するプロセスが複雑とのことです。それをウクライナ軍はいきなり実戦現場に放り込んだので、混乱してしまう兵士もいた。

ジャベリンには、製造元であるロッキード・マーティンのカスタマーサービスのフリーダイヤルが記載されているらしく、前線から電話するケースもあるようですが、実はつながるのは広報部署で、すぐには答えられない。

小泉　ははは。

高橋　さらに言えば、カスタマーサービスなんて基本的につながりませんからね。特に、あのアメリカですよ？

小泉　アメリカでカスタマーサービスに電話した経験はないですが、つながらないものですか（笑）。

高橋　難しいですよ！　仮に電話がつながって「いま戦場で敵と戦ってるんだけど」と言われても、どうしようもないですけどね。

小泉　それは製造会社の人間も困るでしょうねえ。

高橋　また、ウクライナ軍には世界各国から義勇兵が参加している。米軍出身の義勇兵は、ジャベリンの扱い方が分かっているから、指導も行っています。彼らが前線に出てジャベリンの指導をしていることもあり、民間人にそこまでの危険を冒させていいのか、という批判も出てきています。

戦慣れしているロシア

小泉　ウクライナ軍の激しい抵抗にあったロシア軍は、三月末から四月頭にかけて、キーウ周辺からの撤退を始めましたね。

高橋　私は「ロシア軍は撤退時に大損害を出すだろう」と予想していたのですが、ほとんど被害を出さずに、非常に整然とした撤収を成し遂げた。あの鮮やかさを見て「さすがはロシア軍だ」と感心したのを覚えています。これもまた、歴史に残るような撤退戦でした。

小泉　ロシア軍って妙に戦慣れしていますよね。

少し補足すると、軍隊は撤収する時が最も脆弱となり、損害が出やすい。昔、ヤクザの組長のインタビューを見ていたら、「敵のヤクザのタマを取りにいく時は、刺した後が大事だ」と語っていました。刺した後に大慌てで逃げると逆にそこを狙われる。怖がっている素振りを見せずに、堂々と歩いて下がらなければならないと。それを聞いて、「あ、戦争と同じだな」と思ったことがあります。

高橋　「下がる」というのは、相手に背を向ける行為ですからね。最初は一万人で侵攻したとしても、激しい戦闘の結果、最後に残るのは数百人程度になる。その規模の人数で無傷で撤収するのは至難の業です。

小泉　一部の部隊が退いている間に他の部隊が援護して、その部隊が退く番になったらまた別の部隊が援護して……そうやって上手に退いていかないと、後ろから追い打ちをかけられて酷い目にあいますから。

ロシアのお家芸「マスキロフカ」

高橋　それにしても、あんなに綺麗サッパリいなくなるとは思わなかったですね。キーウ攻略に失敗した後も、榴弾砲の射程圏内には一部の部隊を残すと予想していました。そこから嫌がらせ的な砲撃を続けておけば、ウクライナ側も予備兵力を残置せざるを得なくなり、ドンバス地方に兵力を向けられなくなる。

あるいは、チョルノービリ（チェルノブイリ）周辺に部隊を留めておいて、いつでも再侵攻できる態勢を維持する形も考えられた。ロシアは撤退後もそういう膠着状態をつくり出すはずだと思っていました。

小泉　私も見事に騙されました。

高橋　おそらくウクライナ軍も騙されたのではないでしょうか。ロシア軍はギリギリまで、全ての部隊を撤退させるような素振りは見せなかったですから。ロシア軍の作戦意図の秘匿と、実施にあたっての思い切りの良さは目を見張るものがありましたね。

小泉　やはりロシアのお家芸は「マスキロフカ」、つまり欺瞞ですね。あの国の軍事ドクトリンにおいては、「我が方の意図を誤解させる」ことを非常に重視している。ロシア軍って本当によく嘘をつくじゃないですか。適当なことを言って、約束は全然守らない。

高橋　そうそう。

小泉　だから、三月末にロシアの国防省が「キーウ周辺からは退いて東部に集中する」

と発表しても、素直に信じる人間はいなかったわけですよね。それが本当に言葉通り、キーウ周辺から部隊が綺麗にいなくなった。ロシアの将軍が宣言をちゃんと実行したわけです。これは極めて珍しい。

高橋　本当にそうです。

小泉　撤退の手際はよかったですが、次の戦地に投入するのはちょっと早すぎた気もしますけどね。後方に下がってきた部隊を労《いた》わるほどの情けは、どうやらロシア軍にはなかったらしく、すぐに東部ハルキウ方面に送り込んだ。

高橋　普通だったら、少なくとも一カ月は休養にあてますよね。五月九日の戦勝記念日がすぐそこに迫っていましたから、なんとか東部で目に見える成果を挙げようとしたのでしょう。

「水」を巡る攻防

小泉　ウクライナ軍がロシア軍相手に善戦した理由として、地の利を活かした戦略をとったこともよく挙げられます。ここからは地理や地形に注目して、両軍の動きを解説していきたいと思います。

まずは「水」を巡る攻防について見ていきましょうか。軍隊にとって意外と鬼門になるのが川ですね。たった数十メートルの幅でも、水が流れているだけで非常に難しいオペレーションを強いられることになる。川を渡ることは、時間と兵力を異様に消耗する作業だからです。

高橋　今回の戦争で重要なポイントとなったのはドネツ川でしょうか。主戦場が東部ドンバス地方に移ってから、ウクライナ・ロシア両軍はドネツ川を挟んで攻防を続けていました。まず五月上旬にロシア軍がドネツ川を渡ろうとしたところ、ウクライナ軍に橋の位置を特定された。集中攻撃を受けて、大損害を出すことになりました。今度はウクライナが反攻に転じましたが、川を渡ろうとしてやはり失敗してしまった。両軍とも、渡河作戦を巡ってかなり苦労したのです。

小泉　どこの国の軍隊でも、川を渡ることは陸軍の一大任務ですよね。特にロシア軍は、渡河に非常に力を入れていて、秋の大演習では必ず取り入れています。川の上に艀《はしけ》をつなげて線路を通したうえで、機関車を走らせることまでする。そのロシアが失敗するのだから、やはり川は馬鹿にすることができません。

高橋　興味深いのは、第二次世界大戦の独ソ戦においても、ドネツ川は激戦地になっていることです。有名な「クルスク戦車戦」で、ドイツ軍がドネツ川を渡ろうとしてやはり大きな損害を出しています。歴史的に見ても、大きな意味を持つ川なのです。

小泉　地形の持つ力みたいなものがあって、結局、戦いが起こる場所も似てくるわけですよね。

そのような歴史を経て、一九五〇年代以降、水の克服はソ連軍の装甲車開発において大きなテーマとなりました。現在では、ロシア軍の全ての装甲車は川を渡ることが可能になっています。例えば「BTR-82A」と呼ばれる標準的な装甲車は、お尻のところにある蓋を開けると、内部にスクリューが取り付けられている。まるで水上バスのように川にプカプカ浮いて、どんぶらことスクリューで走ることができるのです。上部には給排気筒が備わっているため、下半分が水に沈んでも問題ありません。

高橋　執念を感じますね。

小泉　彼らが恐ろしいのは、戦車までなんとか川を渡らせようとしたところです。戦車には重さがあるので、装甲車のように浮かせることはできない。艀の上に乗せて運ぶにしても、重量の制約から一回につき一両しか渡れません。かなりの時間を消耗してしまう。最終的にソ連軍が考えたのは、戦車に長いシュノーケルのような器具をつけて、川底を走らせることでした。

高橋　大丈夫、それ？

小泉　実際、水中で動けなくなる戦車はあるようで、そのための脱出訓練なんかもやっています。それでも戦車を迅速に渡河させることは、なにより重要だと見なされているわけです。

湿地では戦車がズブズブ沈む

高橋　歴史的な観点で言えば、ダムも昔から戦略的に使用されていますよね。

小泉　ウクライナは緒戦でダムを活用していましたね。ウクライナのど真ん中にはドニプロ川が流れていますが、この川の北側にダムがある。ウクライナ軍はロシア軍の前進を阻止するために、ダムの堤防を自ら決壊させて周囲の村を水浸しにしました。その結果、ベラルーシ方面から入ってくるロシアの車両が通行できなくなった。このダムは第二次大戦時もドイツ軍の進撃を防いだ実績があり、有事になれば氾濫させる〝戦略ダム〟のような位置づけだったらしいです。

もう一つ言えば、ウクライナのプリピャチ湿地にロシア軍は苦しめられていましたね。

高橋　キーウの北側にはベラルーシからプリピャチ川が流れ込んでいて、チョルノービリ付近でドニプロ川に合流しています。そのあたりに湿地帯が広がっている。

小泉　湿地帯では重戦力を路外で機動させられないため、道路の上を進んでいくしかありませんでした。面で展開しようとすると、戦車がズブズブ沈んで動けなくなるんですよ。春先のロシアの森の中って、歩いたことがありますか？

高橋　ないですね（笑）。

小泉　あのへんの森って本当にひどくて、靴の裏にチョコレートアイスみたいなのがべっとりとくっつくんですよ。そんな悪条件の中をウクライナ軍は、音が静かな電動バイクでスーッと自由自在に移動しながら、敵を見つけたらジャベリンで攻撃して、また森の中に姿を隠す。いわばヒットエンドラン戦法をとっていました。この奇襲作戦を効果的に実施し、ロシア軍に損害を与えていった。

ドローンが変えた戦場での「目」

高橋　先ほど渡河の難しさが話題になりましたが、ドローンと精密誘導兵器の組み合わせが登場したことで、より難しくなっていますよね。苦労して橋をかけても、ドローンで橋の場所が特定されてしまえば、精密誘導兵器でピンポイントに破壊されてしまいます。ドネツ川でのロシアの大損害も、ドローンによるところが大きかったです。

小泉　爆弾を搭載したまま車両に突撃して破壊する「自爆ドローン」が注目されがちですが、基本的にドローンは「目」の役割が大きいですよね。小型のトイドローンが戦場のあちこちを飛び回っていて、敵の部隊の重要地点を探している。サイズが小さく、突発的に出現するので、敵からすれば撃ち落としきれない。ウクライナで広がっている光景は、現代戦の難しさを象徴しています。

高橋　ウクライナのドローンの使い方は、従来のものとは大きく異なりますよね。これまではＵＡＶ（無人航空機）運用の専門部隊がいて、彼らが情報収集のために動くのが普通でした。今回、ウクライナ側は最前線のごく小部隊のレベルで、小型ドローンを湯水のように使っています。

小泉　おっしゃる通りです。もともとロシア軍はドローンの活用に熱心でしたが、今回は明らかにウクライナが上を行っています。ロシア軍では旅団単位でドローン中隊が存在し、彼らがドローンを運用することになっている。一方のウクライナは、より小規模な単位でドローンを活用しています。ドローンの数が桁違いに多い。

高橋　完全に消耗品となっていますよね。小型ドローンはイラク戦争の市街戦でも投入されましたが、ここまでの使われ方ではありませんでした。戦場の様相が今まで見たことがないものになっています。

小泉　しかも、ウクライナでは民間人にドローンの供出をお願いしている。ドローンを趣味にしていた人たちが、軍隊に加わって偵察の役割を担うこともあります。こうなるとロシア側も対応しきれない。昔は近所のうるさいおばさん数人に気をつけておけばよかったのが、今は「壁に耳あり障子に目あり」のレベルです。秘密裡に作戦を遂行するのが難しくなりました。

高橋　本来ならこんなに上手くいくはずがないんですけどね。

「高地」を巡る攻防

小泉　そうですね。ドローンは所詮ラジコンなので、ジャミング（電波妨害）できてしまう。特に、ロシア軍の電子戦は世界最高レベルと言われています。過去にはリビアの内戦で、ロシアの電子情報システムがトルコ製の軍用ドローンを機能不全に陥らせていました。

高橋　そのロシア軍の電子戦が、今回はなぜか有効に機能しているように見えない。アメリカが秘密裡にシステムを提供しているのか、理由はよく分かりませんが、ここがちょっと不思議なところですね。

小泉　一応、最近になってロシア軍の電子戦が再び効果を発揮しはじめ、ウクライナのドローンは平均一週間しか生き延びられないなどと言われています。とすると、今までは何だったのかというのが余計分からなくなるのですが……。

　ドローンに関して付け加えると、この兵器が面白いのは、人工的に高さを作り出すことを可能にした点だと思います。多くの兵士が自前の〝高地〟を手軽に持ち歩けるようになりました。

高橋　確かにね。

小泉　陸戦において「高地」の制圧は非常に重要です。高いところから周囲を見渡して、敵の位置を確認することで、その後の戦闘の主導権を握ることができる。

　陸上自衛隊の方からこんな話を聞いたことがあります。高地は「緊要地形」と言って、戦術的な価値が大きいとされている。演習の際には地図を広げて高い場所を探すことになりますが、必ずそこには寺か城がある。つまり、昔から人間が考えることは変わらない。戦国時代の武将も高地の重要性を知っていたから、そこに城を築いたんだと聞かされて、

「なるほど！」と膝を打ちましたね。

高橋　歴史を振り返っても、丘の攻防戦の結果は、その後の戦局を左右しますよね。この高地をなんとか我が物にしようと、各国の軍隊は知恵を絞ってきたわけです。

小泉　高地に関する最初のイノベーションは飛行機でした。ただ、飛行機をとばすには飛行場や訓練されたパイロットが必要で、かかるコストが大きすぎる。滞空時間もそんなに長くありません。そこで今度は戦闘機を改造した偵察機が登場し、敵の陣地に高速で突っ込んでいって、写真を撮って大急ぎで帰ってくることが可能になった。

その飛行機や偵察機と比べると、ドローンはかなりお手軽になりました。価格が安いため、前線で大量に使用することができる。しかも突然、予測できない場所にポッポッと出現するわけですよね。兵士からすればかなり煩わしいと思います。

高橋　さらに、ドローンを使えば弾着観測も機動的かつ効率的におこなえます。ウクライナ側の動画が出回っていますが、こちらから発射した砲弾がどこに落ちたか、相手にどれだけの被害を与えたかをドローンで確認しつつ、照準を修正しながら砲撃をおこなうことができるのです。昔は弾着観測のために真っ先に丘をとりに行っていましたが、そこまでせずともよくなったと言える。

戦局を変えた「ポパスナ制圧」

小泉　とはいえ、戦争における高地の重要性はいまだに変わっていません。高い場所から敵を攻撃できれば、優位に立つことができるからです。丘を陣地として確保して、重量のある大砲を展開するのは、軍隊にとって重要な任務となります。

高橋　今回の戦争でも、東部のドンバス地方でロシア軍が攻勢に出られたのは、五月の頭にポパスナの高地を制圧できたからですね。ポパスナはルハンシク州とドネツク州の州境付近に位置していて、見晴らしのよい高地となっています。このポパスナの突破は、ロシア軍にとって、その後の戦局を変えるきっかけになりました。

小泉　ポパスナが完全にロシアの手に落ちたのは、五月七日のことでした。それ以降、ロシア軍は高地から見下ろすようにして、近くの幹線道路を火制できるようになった。

高橋　ポパスナの近くを通っている幹線道路は、激戦区となっていたセベロドネツク、リシチャンシクへの補給の生命線となっていました。ロシア軍はこの補給路をポパスナ側から圧迫して、完全に断ち切ろうとした（11頁の図を参照）。そうすれば、激戦区にいるウクライナ軍を、丸ごと袋のネズミにして壊滅させられます。

ウクライナ軍もそれが分かっていたので、ポパスナ付近に相当な兵力を投入した。その結果、ロシア軍の進撃を食い止め、補給線を無事に守り切ることができました。

小泉　ただ、非常に限定された地域に多大な戦力を投じたことで、ウクライナ軍は反攻の機会を失ってしまいましたね。

高橋　その通りです。時系列から考えると、ポパスナ付近に投入されたウクライナの兵力は、六月からの反転攻勢のために用意されていたものである可能性が高い。おそらく南部のヘルソンを奪還するつもりだったのでしょう。しかし、ロシアが激戦区への補給路を圧迫したことによって、ヘルソン奪還のために用意した兵力を、防衛に回さざるを得なくなった。受動的な対応を余儀なくされた形です。

小泉　やはり戦争はイニシアチブをとった側が強いですよね。ロシアは素早く攻勢をかけたことで、ウクライナ側の選択肢を縛ることに成功しました。侵攻当初は作戦のグダグダさを指摘されていたロシア軍ですが、途中からは最低限、及第点の戦争をやっているなと感じます。まだまだ侮ることができない。

「平野」を巡る攻防

高橋　この対談がおこなわれている現在も、東部のドンバス地方を中心とした激戦が続いています。ドンバスは緩やかな丘陵地帯が広がる、見晴らしのよい地域です。最後はこの「平野」を巡る攻防について見ていきたいと思います。

小泉　キーウ周辺の戦いでは、地形を防御物にして戦線の形を作ることができましたが、視界が開けた東部ではそうはいきません。ここに引かれる戦線は何で決まるかと言えば、双方の火力のパワーバランスになります。相手を倒すためには、大砲を集めて撃ちまくるしかない。火力がちょっとでも弱くなれば戦線が一気に押し込まれてしまう。パワーバランスによって動き続ける戦線を維持するため、火力と人命を凄まじく飲み込んでいく戦場となります。

高橋　東部の制圧に注力し始めた五月頃から、ロシア軍は興味深い動きをしています。ウクライナ側が発表しているロシア側の損害についてのデータを分析していたのですが、兵員の死傷者が多いタイミングと、戦車の損害が多いタイミングがずれているんですね。兵員の死傷者が多いのは、マリウポリやセベロドネツクでの市街戦が行われている時期。戦車の損害が際立って多いのは、四月下旬のドンバス攻勢が始められた時期です。

最近の傾向として言えるのは、ロシア軍が砲撃する日と前進する日を分けているということです。例えば、四十八時間砲撃してから、二十四時間前進する。砲撃を続けていれば相手の戦線に弱いところが出てくるので、そこを突破する。相手が対応してきたら、あえて無理に突破を図らずに前進を止め、また四十八時間砲撃を続けて……という戦い方をしているように考えられるのです。砲撃と前進の繰り返しです。

小泉　陸戦の基本的な戦い方ではありますよね。

高橋　そうですね。教科書的な単純な動きですが、効果は非常に大きいものがある。この作戦が功を奏して、六月末のセベロドネツク制圧につながったのだと思います。セベロドネツクはルハンシク州の最後の砦だったので、総仕上げをすることができた。

小泉　もともとロシアが真面目に戦争をやれば、教科書的な戦い方になったのでしょうけど。なんでこの動きを最初から取らなかったのか疑問ですね。恐らく政治的な介入があって、現場が思うように部隊を動かせなかったのでしょう。

高橋　ロシア軍が緒戦からこの動きを愚直に続けていたら、今とは違う展開になっていた可能性は十分にあります。

無限に湧いてくる昔の武器

小泉　五月からはロシア軍がT-62戦車（旧ソ連の主力戦車）を前線に投入しました。ロシア人って物を全然捨てないんですよね。ミリタリーバランスを見ると、現在でも予備戦車を二万両くらい備えていることになっています。

高橋　恐ろしい数ですよね。

小泉　日本の近所で言えば、サハリンの南側に兵器保管庫がある。グーグルアースで検索すると分かりますが、広大な空き地に戦車が何百両、大砲が何百門と、カバーをかけられた状態で積んであります。それらに油を差し直して、ちょっとガチャガチャいじったら、意外と動いてしまうものなんですよ。

高橋　それはそれで、工業製品としては偉大だよね。

小泉　最新式かどうかは別として、装甲と火力を備えて何十キロも走り回れる戦車は、この先もロシアからほぼ無限に湧いてくると考えざるを得ません。

高橋　でも、最近のオートマに慣れた戦車兵が、急に昔のマニュアルミッションの戦車を使いこなせるものですか？

小泉　ロシア人だったらできちゃうんじゃないでしょうか。モスクワの「トロリーバス」って、昔は変速機が酷いやつがあったんです。一度「やけにうるさいな」と思っていたら、運転手がハンマーでガコーンガコーンと叩きながら走っていたんですよ（笑）。

高橋　ええっ。

小泉　あと、ウクライナ侵攻で西側の自動車メーカーが全部ロシアから逃げ出したじゃないですか。そこで今度、ロシアが新しくリリースする国産車があるのですが、エアバッグもＡＢＳ（アンチロック・ブレーキ・システム）もついていない。「お前ら、よくそれでリリースする気になったな？」と。彼らの機械に対する考え方ってそんな次元なので、旧式の戦車も扱えてしまうのではないかと思います。

火力と兵力の消耗戦

高橋　ここまでお話ししてきたように、物量においてはロシア軍が勝るものの、ウクライナ軍は巧妙な作戦指揮をとることで、なんとか互角の戦いを続けることに成功しています。今後はこの状態が続くことが予想されますね。

小泉　どちらかが決定的に勝つ未来が想像できませんよね。

兵の数で言えば現在、ウクライナがロシアを上回っている可能性が高い。つい先日、ウクライナの国防次官が「百万人を動員している」と発言していました。正規軍が二十万、治安部隊や国境警備隊が十万に加えて、国民に総動員をかけていますから、それくらいの数字になってもおかしくはない。対してロシア軍の侵攻兵力は三十万と言われていますから、圧倒的な差があります。ロシア軍にとっては簡単な戦いではありません。

高橋　地理的な環境でも、ウクライナが有利です。ウクライナ全土の地図（11頁の図を参照）を見ると分かりますが、ロシア軍の進撃ルートは、外からぐるりと取り囲むように進んでいる。外側から複数の進撃ルートに部隊を分割して進んでくる、外線包囲作戦と呼ばれるものです。一方で、ウクライナ軍は内線作戦と呼ばれる形になっています。中心部で一カ所に集まって守っているので、各方面での兵力は、ウクライナがロシアを上回ることになる。

小泉　他方で、ロシアは火力に関して異常に強い。毎年秋に大演習を実施するのですが、七日間で消費する弾薬が「十一万トン」だということでした。自衛隊の全保有弾薬がちょうどそのくらいですから、一体どれだけの弾薬を保有しているのかとひっくり返りました。そのうえ自前の道路部隊・鉄道部隊もしっかり揃えていて、前線まで届けるロジスティクスが機能している。

高橋　やはり火力重視の国ですよね。イラク戦争でアメリカが使ったミサイルが千百発でしたから、ロシアの保有数もそれくらいだと考えられていた。ところが、今ではすでに二千発以上を発射しています。弾薬をちゃんと持っていて、しかも使いこなすことができる。

小泉　ロシア軍は今回の戦争で、いろいろとアホなところも見せていますが、異様な強度の戦争を四カ月あまりも続けられているのは「肺の強さ」を感じます。これだけ全速力で走ったら、普通は今ごろ息切れして血を吐いているはずですよ。

今は、お互いに決め手を欠いた状態で消耗戦を続けていますよね。ロシア軍は火力が強いけれど、兵力が足りない。ウクライナ軍は兵力の数は多いけれど、火力が足りていない。

高橋　ロシアは火力があるぶん、総動員をかければ勝てるはずですが、総動員はある種「抜かずの宝刀」みたいになっている。もし抜くようなことになれば、確実な成果を出さないといけないからです。総動員によって市民生活に多大な犠牲を強いてから「ドンバス地方しか取れませんでした」では、国民の理解を得られるはずがありません。

小泉　第二次世界大戦では、ソ連が総動員をかけて勝利したので、一種の建国神話になってしまっている。次に総動員をかけるとしたら、あれくらいの勝利に匹敵する勝ち方をしないと正当化できないですね。

高橋　だから、伝家の宝刀もなかなか抜けない。これからもロシア軍は「俺たちはまだ本気を出していない」「いつでも総動員をかけられるんだ」という姿勢を見せつつ、今ある兵力で戦い続けることになるでしょう。

ハイマースを使いこなせるか

小泉　一方、ゼレンスキー大統領は「数では勝っているから、あとは火力があればロシア軍を押し返せる」と思っているはずです。だからこそ、榴弾砲やロケットや戦車をくれと西側に何度も要求している。

西側も当初はロシアを刺激することを恐れて、なかなか火力を出しませんでしたが、最近はアメリカが高機動ロケット砲システム「ハイマース」（ＨＩＭＡＲＳ）を供与するとして話題になりました。射程距離が約八十キロのロケットが装備されているので、敵から距離をとって相手に攻撃を与えることができます。

高橋　注意すべきは、ハイマースはこれまでウクライナが使用していた兵器と、全く思想が異なるということです。

ウクライナ軍は旧ソ連構成国として、基本的にソ連軍の戦い方を受け継いでいる。ソ連が得意とするのは面を火力で潰していく方法です。とにかく数を撃つことで、火制地域の中にいる目標に一定の確率で当てようとする、非常にアバウトなやり方です。ところがハイマースは、目標をピンポイントに、正確に当てにいく兵器なのです。

小泉　ハイマースを活用するにあたっての問題は、目標の座標を特定できるかですよね。例えば「あの街の市役所の一階をロシア軍が接収して使っている」など、分かりやすい情報が入ればいいですが……。

高橋　そうそう。ピンポイントで攻撃できるということは、ピンポイントで場所を特定しないといけないんですよ。

小泉　自衛隊の西部方面隊の演習を見学したことがありますが、連隊本部の指揮所が「絶対こんなの分からないじゃん！」くらいの場所に隠してある。ドローンや特殊部隊を投入するとしても、あれを発見するのは至難の業だと思います。

高橋　私はよく次のような喩えをします。ハイマースの兵器としての能力の高さは、大谷翔平並みのものがある。ただ、ウクライナ軍はサッカーをやっている。サッカーチームに、「大谷翔平を取ってきたからワールドカップで優勝しろ」と言われても困りますよね。それくらいハイマースは思想が異なる兵器だということです。

ただ、現状ではウクライナはハイマースをきちんと使いこなしている印象を受けますけどね。ロシア軍の弾薬庫や司令部のような固定目標を次々と破壊している。

小泉　取り越し苦労ならいいのですが……兵器を頑張って与えても、ウクライナ側にそれを上手く活用する「思想」や「インフラ」が整っていないと、無駄使いに終わってしまうのが難しいところですね。

高橋　ウクライナがしきりに要求している兵器に、ATACMSと呼ばれるミサイルがあります。射程が三百キロもあるため、完全な安全地帯からロシアを攻撃することができる。確かに便利な兵器ではありますが、リアルタイムでそれだけ離れた目標の情報をフィードするのは容易ではないし、前線での作戦に寄与するような形で攻撃するには、運用側に高度な技量が求められる。アメリカとしては、ロシア本土への攻撃に使われるのではないかという疑念に加え、「本当に使いこなせるの？」という疑念もあり、供与に至っていません。

小泉　ハイエンドな兵器の供給は保留にしつつ、ロシア軍に撃ち負けないだけの重火力を送りこんでいく。ただし、西側はまだ、ウクライナがロシアに勝てるだけの援助をするところまでは覚悟が決まっていない。今後も西側諸国の支援はそのような形をとっていくでしょう。この流れでいくなら、戦争の長期化は避けられないでしょう。本当にそのままでよいのか。日本も西側の一員として真剣に考えるべきだと思います。

VII

ドイツと中国から見るウクライナ戦争

×マライ・メントライン×安田峰俊

二〇一〇年代以降、軍事大国化し、
権威主義体制を強めていったロシアと中国。
二〇二〇年代になり、両国に隣接する国々が
相互に危機感を認識し始めた。
第二次世界大戦の因縁を抱え
経済的にロシアとつながりも深いドイツ、
ロシアとは利害を共にすることも多い中国は、
この戦争をどう捉えたか。
世界に走る分断線を考える。

（２０２２年７月６日）

マライ・メントライン Marei Mentlein（左）
翻訳者・通訳・エッセイスト。シュレースヴィヒ＝ホルシュタイン州キール出身のドイツ人。2度の留学を経て日本との「縁」を深め、2008年より日本在住。通訳・翻訳・ドイツテレビのプロデューサーにウェブでの情報発信と多方面に活躍。NHK語学番組『テレビでドイツ語』、テレビ朝日系列『大下容子ワイド！スクランブル』などに出演。著書に『ドイツ語エッセイ　笑うときにも真面目なんです』（NHK出版）、池上彰・増田ユリヤとの共著に『本音で討論！いまどきの「ドイツ」と「日本」』（PHP）。

小泉悠（こいずみ・ゆう）（中央）

安田峰俊（やすだ・みねとし）（右）
1982年生まれ。ルポライター。立命館大学文学人文科学研究所客員協力研究員。広島大学大学院文学研究科博士前期課程修了。『八九六四 「天安門事件」は再び起きるか』が第5回城山三郎賞、第50回大宅壮一ノンフィクション賞をダブル受賞、『「低度」外国人材』（KADOKAWA）が第5回及川眠子賞をそれぞれ受賞。他の著作に『現代中国の秘密結社マフィア政党、カルトの興亡史』（中公新書ラクレ）、『八九六四　完全版』（角川新書）、『みんなのユニバーサル文章術』（星海社新書）など。Twitter：@YSD0118

1989年6月4日	中華人民共和国・北京市の天安門広場で「天安門事件」が起きる
11月9日	ベルリンの壁が崩壊
12月2日	米ソ両国のマルタ会談により東西冷戦が終結
1990年10月3日	東西ドイツが再統一される
1991年12月25日	ソビエト連邦が崩壊、ゴルバチョフ大統領が辞任
2012年5月7日	プーチン氏、ロシア連邦第四代大統領に就任
2013年3月14日	習近平氏が国家主席に選出され、党・国家・軍の三権を掌握
2014年3月18日	ロシアが独自に実施した住民投票をもとにクリミア半島を併合
2017年1月20日	トランプ氏が第四十五代アメリカ大統領に就任
2020年6月30日	中国の全人代で「香港国家安全維持法」を可決。「一国二制度」が実質上失われる
2021年8月1日	英空母クイーン・エリザベスの打撃群が南シナ海に入る
12月8日	ドイツのメルケル首相が退任、第九代ドイツ連邦首相にショルツ氏就任
2022年2月27日	ショルツ首相はウクライナに軍事侵攻をしたロシアのプーチン大統領に対抗するため、独連邦軍の増強に千億ユーロ（約十三兆円）を投じる方針を表明
6月29日	スペインのマドリードでNATO（北大西洋条約機構）首脳会議が開催される。日本と韓国の首脳も初参加

ドイツと中国はロシアにどう向き合っているのか

小泉　今回のウクライナ侵攻を考える上で、「ガス利権が云々」という話は分かりやすいですが、それだけではなぜプーチンが無茶な戦争を始めながらも、国民から支持されているのかはわかりません。どんな国にも、いわゆる「地政学」や経済的利益の論理だけでは説明できない、その国特有の内在的論理があり、それはその国に精通した人に伺うしかないと思っています。

ロシアとの関係で非常に別格な位置にあるドイツ、これから先のロシアの長期的な先行きを考えた時に重要になってくる中国。二つの国はロシアに対してどのように向き合っているのか。それぞれの国に詳しい方にお話を伺いたいと思い、本日はドイツテレビ東京支局プロデューサーのマライ・メントラインさん、中国に詳しいルポライターの安田峰俊さんにお越しいただきました。

マライ　今、小泉さんのお話を聞いていて、ドイツ社会の、中国についての認識の薄さみたいなものを思い出しました。日本のワイドショーに出演してみると、よく中国や韓国の話をしていますよね。一般の人と話していても「いずれは中国が攻めてくるよね」「土地を買収してるよね」なんて、激しいことをわりと平気で言っている。
ドイツも経済・貿易面で中国と巨大なつながりを持っていますが、そのわりに中国は、あまり話題にのぼらない国でした。コロナ禍になってからやっと、「あれ、薬品が入ってこない」と中国依存の問題や、ウイグル問題にも気がつき始めた。一般のドイツ人が中国を意識し始めたのはここ二年ぐらいじゃないか。

小泉　そうなんですか？　ではドイツのメディアは主にどんな話をしているんですか。

マライ　ロシアの話です。

小泉　やはりロシアの話か。

マライ　そういえば日本人はけっこう、ロシアがじかに国境を接する「隣国だ」ということをあまり意識していないような。隣の国が戦争していると、皮膚感覚的に認識していない気がします。二〇一四年のクリミア半島併合の件があっても、日本の国内の雰囲気は特に変わってないですから。一方でドイツにとってロシアは常に近くにある国だし、ロシア人もたくさん住んでいるので、ロシアに対する感度が高い。国境を九カ国にも囲まれているドイツは、近隣諸国との関係性をうまく維持することが生活を保障する上で必要不可欠で、ロシアもその相手国の一つです。天然ガスもロシアからの輸入に依存していて切っても切れない関係にある。常にロシアを意識せざるを得ないドイツ人の私からすると、そのあたりの感覚的ギャップが興味深い。

安田　日本から見た場合、まず隣に中国という地理的に大きな国があるので、実質的にはその向こうにあるロシアや欧州世界への認識が遮断されてしまうところはあるのかもしれません。逆に欧州圏から見れば、まず東隣りにロシアという大きな国があり、その向こうは東方の未知の世界……といった感覚はあるのかなと思います。

関与政策という建前の終わり

マライ　実際、ドイツから見て中国は史劇的な因縁が希薄なだけに、経済・マーケット的な関心が、これといった制約もなく伸びた印象があります。一方、ロシアは近い国ですし、第二次世界大戦での歴史的な因縁もあるし、例のガスエネルギー依存問題もある。

　ドイツの左派に関して言えば、貿易をそのまま続けていれば、中国だってロシアだって民主主義的な価値観を受け入れていくのではないかという発想があったように思います。というのもドイツには、東西に分かれたけれども、貿易や国交を深めていく中で、壁も崩壊して統一できたという成功体験があるからです。私の親の世代と話しても、「経済的な相互依存関係を深めていけば、政治・文化的軋轢《あつれき》もいずれどうにかなる」という感覚がある。

小泉　関与が効果を発揮するというのは、なかなか捨てられない建前ですよね。しかもロシアに関して言えば、ドイツが真っ先に東方外交を始め、パイプラインを戦略的に敷き、ソ連との関係を築いてきた。ここで「ロシアはもう駄目だ」と言うのは、この六十年間のドイツの外交政策を全否定するような話になるでしょうね。

でもそれはドイツだけではなく、アメリカの共和主義者たちが考えてきたことでもあります。関与していけばいずれわれわれのモデルに収斂してくるだろうと。まさにフランシス・フクヤマが『歴史の終わり』（The End of History and the Last Man）の中で言ったように、「人類は自由民主主義の道しかないのであって、あとはそれをいかに実現するかだ」といった冷戦後のアメリカ型自由民主主義大勝利宣言が、完全にもうとどめを刺されたのだと思うんですよね。

自由民主主義でなくても、全然違うモデルでやっていけることを中国とロシアが証明してしまった。今や中国はアメリカを抜く勢いです。

マライ　確かに。善し悪しの問題は別に、中国は今のシステムでうまく回している感じにも見えますが、どうなんでしょう。

安田　そうですね。本当にうまくいっているのかは数十年後の歴史の審判によるかと思いますが、少なくとも一昔前の日本でよく煽られていた「中国崩壊論」のような形で潰れることはまあないでしょう。

関与政策について考えると、日中の関係もアメリカのそうした対中政策の影響を強く受けています。中国が改革開放により経済成長する中で、日本もそれに乗って美味しい思いをしてきた。ゆえに「日中友好」という言葉も生きてきた。日中友好というのはちっとも美しい話ではなくて、商業的な利益第一、また日中双方がまみれたもたれあいの関係ではあったわけですが、かなり最近まで美辞麗句としては成立していた。長らく付き合っていけば、いつか中国も豊かになり、人々の権利意識が向上し、社会は民主化していき、私達と同じような国になっていくんだからという考えがその背景にありました。

しかし、中国について、その台頭を警戒したアメリカの対中姿勢が転換した二〇一八〜一九年を決定的な境として、関与政策と、それが生んできた民主化への期待や友好的な理想は消し飛ぶことになります。これと同じ、実は無理があった理想の総決算が、ロシアの場合は今回の戦争で一気にはじまったのではないか。

ウクライナ危機が顕在化させた中国の危険性

小泉　日本人は欧米より早く、中国の体制は危ないと気づいていたと思います。五年ほど前に中国の軍事増強を懸念しているという話をイギリスの防衛研究所（英国王立防衛安全保障研究所）の研究会でしたら、ヨーロッパ側はキョトンとしていた。

マライ　専門家でさえもそうだったんですね。

小泉　日本もロシアに対して同じように危機感を持っていなかった。それぞれの正面に直面している国々は「ヤバいぞ」と言っていましたが、それを相互に認め合い始めたのが二〇二〇年代なのではないか。

去年ヨーロッパの海軍が次々と南シナ海にやってきたり、今年NATOの会合に日本と韓国の首脳が初参加したりしましたよね。お互いに正面だけを見て「ヤバいぞ」と言っているだけでは上手くいかないので、ユーラシア周辺で連携して対処しようとしはじめている。これはさんざんニセ科学と言われ続けてきた古典地政学の「ハートランド」に対して「リムランド」を結成せねばという考えと重なります。あれはニセ科学ではあるけれども、戦略論としては正しいのだと。

マライ　でもリムランドについて考えると、日本って結局「アメリカがどうにかしてくれるよね」という他力本願の感覚がある気がするんです。そこらへんが変わらないとヨーロッパと組むことにはならないんだろうなと。

小泉　だからプーチンに舐《な》められるんでしょうね。プーチンは「日本にどこまで主権があるのか疑問だ」と平気で言ってきますが、それはご指摘のようにアメリカ頼みの気持ちを捨てられずに来たからだと思います。

しかし今回ウクライナで、第二次世界大戦後最大規模の戦争が起きた。アメリカは相当な軍事力をヨーロッパに張り付けておかなければいけないでしょう。だとすると、われわれが半年前まで予想していたような、アメリカが全力を挙げてインド太平洋で中国を軍事的に抑止してくれるというシナリオは、おそらくもう望みがたいのではないかと私は思うんです。

アメリカのコミットメントがかなり限られてくる中で、中国に変な気を起こさせないためには、われわれ自身がどこまでやるのかを真剣に考えないといけません。ウクライナ危機がめぐりめぐって日本の安全保障の足元をグラグラさせていると感じています。

中国はロシアをどう見ているか

小泉　ちなみに、中国ではウクライナの戦争はどのように見られているのでしょうか。

安田　基本的に中国はロシアに対して好意的です。もっとも、心からロシアが「好き」「信用している」というわけではなく、反米・反西側という目的を前提とした上で、共闘関係にあるから好意的に関わっているという感じだと思いますが。

小泉　やはりそうですよね。

安田　中国のニュースサイトを見ると、ロシアのプロパガンダニュースサイトである「スプートニク」（Sputnik）を中国語にどんどん訳して紹介しているので、結果的にはロシアのプロパガンダが広まりやすくなっています。

ただ、一般に誤解されがちですが、中国の報道はロシアの情報だけを流しているわけではないんですよね。ＢＢＣやＣＮＮなど西側メディアの報道も、中国語に訳してけっこう多く流しています。もちろん中国国内のニュースは統制が強いのですが、第三国の客観的なニュースについては、わりと西側メディアの情報も多く紹介されますし、正直言って日本のメディアよりも勉強になる時もあります。開戦直後の頃のニュースは、分刻みで「どこどこに攻め込んでいる」「どこどこに飛行機が飛んだ」とか、めちゃくちゃ細かい内容の通知が来ていましたし。ただ、西側の国と違ってスプートニクみたいな報道も流すいっぽう、西側の報道のうちで中国やロシアにとって不都合なニュースは報じないか、批判的言及をおこなう。なので、結果的にはロシアのプロパガンダがより強まることになります。
さらに言えば、中国のメディアは「解説」をしないんです。日本でいうＮＨＫに相当する中国のＣＣＴＶは、実は世界情勢それ自体の報道は日本よりもずっと多くて、アフリカや中東の小国で政権が替わったとか紛争があったとか、かなり細かいニュースも流します。でも、その事件がどういう経緯で発生し、いかなる意味を持つ出来事なのかの「解説」をしない。

小泉　中国のメディアには久米宏が現れなかったんですね。

安田　現れなかったというか、意図的にたぶん解説させていない。情報それ自体は意外といろいろ発表されているのですが、解説が行われないので、大部分の国民は意味がわからない。しかもネットも統制されているので、ググって……いや、グーグルも使えない国なので、微妙に不便な「百度」という検索エンジンを使うわけですが、そうやってネットで調べても体系的な情報にはなかなか当たれません。
特に国内のものごとについては、中国共産党や習近平政権によって強い「角度」がつけられます。二〇一二年に習近平体制が始まってからは、彼自身の意向に近いものについて「良いもの」「悪いもの」と、従来以上に鮮明に価値判断がなされるようになった。ちなみに対ロ感情については、習近平は個人的にはプーチンが大好きで、ロシアへの好感度も高い。結果的に、ロシアを「良いもの」として扱う不文律のような空気は形成されています。

小泉　中国がロシアに対して好意的であるのは分かる気がします。その上で、「ウクライナにはアメリカの生物兵器施設が三十カ所以上ある」「アメリカの後押しで核兵器を開発している」と、ロシアは明らかに一秒で分かる嘘をついていると思うんです。ああした話は、中国ではどのぐらい真面目に受け取られていると思いますか。

安田　信じていると思います。ここ数年の中国では米中冷戦を背景に、国内向けのプロパガンダとして、「アメリカのせい」という理屈で様々なことを説明してきましたから、こうした点でもロシアのプロパガンダメディアの情報は相性がいい。コロナウイルスも、アメリカが基地でつくったものだとさんざん言っていますし、おそらく六、七割の中国人はコロナの起源はアメリカだと信じているはずです。

小泉　たぶんロシア人もそう思ってる。

マライ　そうなんだ。

安田　トンデモの刷り込みはすごいです。そもそも日本も含めて、自分の専門分野じゃないものごとが正しいかどうかなんて、究極的にはよくわからないのですから。世の中の人がみんなそうだと言っていて、かつその説を批判的に検討することが困難な環境であれば、信じてしまうのは仕方ない部分もあります。

世界観のディスコネクション

小泉　ロシア人の多くも、「コロナはアメリカが起源」で、「ウクライナはアメリカが裏から操っている傀儡《かいらい》国家である」と思っているでしょう。今、世界で言われていることの逆張りならなんでも信じてしまう空間が、ユーラシアのど真ん中に大きく広がっているのではないか。中ロがそうなのであれば、ユーラシアの半分はそうなるでしょう。実はわれわれが世の中の保守本流、王道だと思っている情報空間って、意外とすごく狭いのかもしれません。ＧＤＰで見ると、世界の半分以上を占めているからわれわれの価値観が正しいと思うのかもしれませんが、人口ベースで考えると、陰謀論的な世界観を信じている人の方が多い可能性だってある。

軍事的な対峙ももちろん大きな問題ですが、そういう世界観のディスコネクションのほうがちょっと手が付けられないというか。

安田　それはありますね。

マライ　そうした王道だと思われていた西欧世界でも、トランプ現象の影響を受けてポピュリズムが台頭していますから。その中でドイツが伝統的価値観の最後の砦と言えるのかもしれませんが、その期待に応えられるのか。ガス供給問題でロシアに生命線を握られているので……。

小泉　今回の戦争が始まってから、ロシアの国内弾圧はめちゃくちゃになりました。これまで一応は民主国家の建前を守っていたのに、完全にかなぐり捨てて、反体制派やインテリを遠慮なく叩き始めている。そうするとみんな逃げていく先がドイツなんですよ。ロシア人はアングロサクソンが嫌いなのでそれ以外の国で、かつある程度信頼できる国はきっとドイツなんでしょう。

マライ　たぶんそうだと思います。ロシア人にとってドイツはそんなに居心地の悪い場所でもないんじゃないか。ドイツ理解者のような、なんとなくシンパシーを感じる人が良くも悪くもそれなりにいる。

　ドイツは国内で意見が割れていると思います。今回のロシアに対する制裁に対して、一応納得はしているんですが、旧西独圏と旧東独圏でマインドに差がある。西では制裁に積極的に賛成の一方、東側は「もうちょっと対話でなんとかなりませんか」と思っている。「結局対話ではどうにもならない」というのが最終的な結論なのですが、国内でも分断がある。

小泉　ドイツの中も割れていると。日本でも「話し合いでなんとかなりませんか」という人はいますよね。特に左派の中で、みんな枕詞のように「ロシアの侵略は許せないが」といいながら「戦争を長引かせて人が死んでもいいのか」と言う。

マライ　まさにそういう感じです。

小泉　そして、「ロシアをここまでの行動に駆り立てたアメリカ中心主義的な世界秩序はいいのか」という話になっていく。一理あるかもしれませんが、暴力をふるったほうを止めるのが先で、殴りかかろうとしているヤツとは、一発殴り返してからじゃないと話し合いはできないですよ。だからちゃんと殴り返させましょうと言うしかないと思うんです。でもなかなか「一発殴り返してから」とは言えない。

プーチンとドイツの「統一負け組」

小泉　もう一方で、ドイツが面白いなと思うのは、もっとプーチンＬＯＶＥな連中がいるでしょう。あの人たちのダサさがロシアの右翼とそっくりなんです。見た目とか行動とか。古い車に箱乗りする感じ。

マライ　そうなんです。つながっているんです。その人たちはドイツが統一してからの問題に直面してきた。ロシア、というかソ連と一緒だった時は、もっと全体的にハッピーだったんじゃないの？　と思いこんでいるんです。

統一後、一度東ドイツは全部なくなり、目端の利く、適応力の高い人たちは西側に行き、東側の工場や企業の多くが閉鎖になる一方、西側の人たちが新たな機会を求めて東側に入ってきました。補助金もいっぱい出ていた時代です。そこで西側から入ってきた人たちが、急に新たなボスとして登場する。

小泉　言い方は悪いですが、国内植民地のようになってしまったと。

マライ　自分のパパが急に無職になったりするわけですよ。そうした挫折がある。「統一負け組」というグルーピングも可能でしょう。様々な施策にもかかわらず旧東ドイツ経済の領域はいまも旧西ドイツ領域よりも低水準のままで、実際、今のドイツの大企業の上層部に、東ドイツ出身者はほぼいません。ドイツメディアで東西特集をやる時にも「東側出身者が企業上層部にいました！」と紹介されるくらい珍しい。

統一後の世界というのは、民主的で、花が咲く野原のように素敵だと言われていたのに、蓋をあけてみたら全然そうではなかった。だからうっぷんが溜まっていて、反民主主義のマインド――それは民主主義を謳歌しながらのものなのですが――を持っている人も多く、ロシアから入ってくるプロパガンダニュースをどんどん吸収している。それにトランピズムも加わっている状態です。

国民は戦死に耐えられるのか

マライ　最近心配していることがあります。ＮＡＴＯがこれから積極的に介入するとして、ドイツ国内でもそのことが世論調査では支持されている。でも一般人は本当にいざという時に戦争をする覚悟ができているのか。例えば、戦死者が出た場合、気持ちの面で処理できるのか。

　アメリカであれば、ずっと「世界の警察」を自任しながら、その犠牲者たちを愛国心を持った「ヒーロー」として扱ってきた。でもドイツはヒーロー文化圏でもない。ナチス時代の反省もあり、「愛国心を持ちましょう」となかなか授業などでも公には言えない。そこは日本と似ていて、国のために死ぬという考えが第二次世界大戦後、一種のタブーになっています。死者が出た時、一般のドイツ人はそれに耐えられるのか。

小泉　国民が戦死を受け入れられるのかということですね。ロシアもそれができるのか。

今回ロシアは三千何百人の死者までしか公表していない。本当は何人死んでいるのか、国民に言う勇気がロシア政府にはもうないんだと思います。さらに言うと、ロシアには兵隊が足りないので、総動員令を出したいのですが、国民に対して「あなたの息子を戦場に行かせます」とプーチンは切り出せない。権威主義国家で人の命も相対的に安く扱われているのですが、もう昔ほど安くはない。

マライ　西側でしばしば言われる人海戦術オッケー的なイメージどおりではないと。

小泉　二十一世紀的な価値観の影響をプーチンだろうが習近平だろうが受けます。そして家族構造を見てもロシアは少子化なんです。都市部の中産階級の家に、子どもは三人も四人もいない。ロシア出身のうちの奥さんも一人っ子です。そんな中、たった一人の息子を戦争に送れと、権威主義国家であればあるほど言えないのではないか。国民からの圧倒的な支持を受けていないと、現在の独裁者はやっていられない。

中国はどうでしょうか。特に中国は政策として一人っ子にしてきたので、同様の問題があると思うのですが。

安田　まさにそうでしょう。それこそ、一九七九年の中越戦争の時は、兵隊を地雷原にバンバン突っ込ませるような作戦を取っていたと言われますよね。実際に二〇〇〇年代前半までは、中国の南の方の広東や江西に行くと、手足を失くした傷痍軍人の人が物乞いをしていた。九〇年代までは人命が「安かった」面が確実にあったと思います。一人っ子政策と言いながらも、当時はたくさん人がいたので。

でも今はみんな一人っ子で、みんな自分が大好きで大事な人ばかりです。ですから、小泉さんが言っているように、簡単に死者を出せなくなっていると感じます。台湾に対する武力侵攻の可能性について政治的には完全に排除できないかもしれませんが、一方で、いざやろうとしたら戦うのはみんな一人っ子なわけです。

マライ　「小皇帝」たちが最前戦で戦えるのか、といえば……。

安田　パソコンのキーボードに向かっているときは勇ましいことも言えるけど、実際の死に彼らが耐えられるとは到底思えない。

ただし一方で、国家のために死ぬことは正しい、国家のために何かをするのは当然という意識は強固に存在します。しかも、中国の場合はロシアと違って、自国の体制が実は間違ってましたと本気で痛感することなくここまで来ているので。

小泉　なるほど。ソ連みたいに崩壊したわけではないから。

安田　個々人の政治家が間違ったことをやりました、というのは存在しますが、基本的に共産党そのものが誤ったことにはなっていない。かつ社会主義体制も、中国の特殊な社会主義体制も誤りではないというのがベースにあるんです。一九八九年の天安門事件は、多少は「自国は誤ってます」と国民に認識させてしまう面もありましたが、事件への失望を長く保った人はほぼインテリ層のみにとどまりました。さらにこの十年で愛国プロパガンダをかなり強化してきた。なので、国のために死ぬという動機付けを他の国と比べるとやりやすい面もないとはいえない。

中国の場合は地域や街によって、命の「重み」が違うように見えるという問題もあります。ゼロコロナ政策下のロックダウンによる妊婦や高齢者の被害が大きな問題になったのも、上海だったからとも言える。上海人や北京人には、自分たちの命は他の中国人よりも高いという自己認識はあると思います。仮に中国が対外戦争をおこなう場合でも、極力「命の安い」地域や階層の人々、声を上げにくい立場の人々が矢面に立たされることになるのではないでしょうか。

どこまでがロシアなのか

小泉　中国の国内で命の重みが地域によって違うのではないかと。ロシアも同じではないかと僕は感じました。
　というのも、今回の戦争を見ていて、帝国主義の戦争のようだと思ったんです。大英帝国では、ブリテン島を富ませるために、海を通じてオーストラリアやインドを支配しましたよね。ロシアは同じことを陸の上でやっているのではないか。つまり、モスクワやペテルブルクという「本島」を富ませるためにその他の地域が国内植民地として存在していて、そこで暮らす人々の命は「本島」に比べてかなり軽く扱われているのではないか、ということです。

安田　その点中国は、世界を自国の領土に編入して征服しようとは全く思っていない。

小泉　台湾だけですね。

安田　台湾、あるいはチベットや新疆《しんきょう》や内モンゴルは、実態はいかなるものであれ自国の範囲である点は動かないと思っているので、そこは絶対なんですけど。そもそも中華帝国は、伝統的に朝貢体制のなかで成立してきた歴史があります。
　たとえば現在の中華人民共和国の領域のもとになっている清朝の場合、北京の皇帝を中心に、まず中央集権的に直轄統治する中国本土があり、その外側に皇帝の部下である世襲君主が自治的な統治をおこなう土司や藩部、つまり現代中国における「〇〇族自治県」みたいな場所や、新疆やチベットや香港みたいな地域がある。だいたいこのへんまでが、世界史の教科書で「清」の範囲で塗りつぶされる領域です。

そのすぐ外の世界には、朝鮮とか琉球とかベトナムとかの、皇帝の権威を認めてひれ伏している朝貢国があります。さらに外側には、皇帝の威光が完全におよび切ってはいないけれど、それでも地大物博の偉大なる中国を慕って商売や通信にやってくる存在、すなわち日本やイギリスやローマ教皇庁なんかの諸国が「互市」として位置づけられます。

中華皇帝は理論的には全宇宙の中心なのですが、世界のあらゆるものを直轄支配の下に置くべきだという意識は薄い。皇帝から遠いところの場所は、ひとまず皇帝の権威を認めた形で自治をしていてもよろしい。さらに遠くにいる、日本だのイギリスだのの、道理に通じない愚かで哀れな「夷《い》狄《てき》」であれば、まあ皇帝のありがたさをよく理解できていない場合があっても、かわいそうな連中だから仕方ないと大目にみてやらぬでもない（笑）。

これが中国の伝統的な対外意識ですが、現代中国についても、基本的にはこの認識はどこかで継承されているように思います。

すなわち、中国は世界を征服しようとは思っていない。けれど、全世界全人類が中国をリスペクトしてほしい、「朝貢」してほしい、みたいな欲はあるでしょう。中国がアフリカ外交に非常に積極的なのも、心のどこかにそうした感覚があるのではないかと私は見ているんですが。

マライ　直接的な領土拡大を連想するけど、そうしたものではないと。ロシアの人々って、どこまで「ここはロシア」と思っているのでしょうか。

小泉　ロシア人が住んでいるところがロシアなんじゃないですか。まさにこの前プーチンが、サンクトペテルブルクの国際経済フォーラムで語ったことです。サンクトペテルブルクはプーチンの出身地であり、もともとはスウェーデンから大北方戦争であの辺の土地を取りました。「あれは取ったのではない。取り返したのだ。なぜならそこにロシア系住民が住んでいたから」という理屈なんです。

マライ　ロシア人ってわりとどこにでも居ますよね。

小泉　わが家にも一人居るし、うちの娘もロシア国籍を持っているから、実はわが家は三分の二はロシア人で、わが家をロシア軍が取りに来る可能性も潜在的にはあるんです。

マライ　なるほど（笑）。

小泉　要するに、いっぱい住んでいて都市を築いている場所はもうロシアなんだと。その理屈で言うと、ウクライナやベラルーシは、プーチンに言わせれば、明らかにロシアでなければいけない。ずっと長らくロシア帝国の一部でもあったし、まさに中国における台湾みたいな感覚で、いずれロシアに回収されるべき場所だと思っている。
ただ同盟や貿易、ロシア語のようなものを通じて、ゆるく統制を及ぼしていればいいと考えていたのに、ここ十年のウクライナは完全に離れていってしまったという危機感をロシアは持っていたのではないか。それにプラスして、二十二年もの独裁でプーチン自身も手が付けられなくなっていったのでしょう。

噴き出した冷戦後のルサンチマン

マライ　以前安田さんとした対談の時にルサンチマンの話になりましたよね。ソビエトはナチスドイツを打倒したといっても、ロシアにあった西欧コンプレックスは払拭できなかったのではないか。それに対する西側の鈍感さを受けて、ずっとたぎらせてきたものがあるだろうと。中国にもアヘン戦争以来のルサンチマンがあるわけで。それは払拭できているのでしょうか。

安田　まったく払拭できていません。客観的に見ると明らかに図体が大きないじめっ子の側なのですが、「大きな赤ん坊」（巨嬰国《ジュイインゲオ》）と、反体制的な中国人自身が批判的に言うように、中国は自分の心の中の自画像が常にいじめられっ子なんです。欧米や日本に対して

「過去に俺たちをいじめてきた」という恨みと警戒感も強くある。

そしてあらゆる国内の問題に対して「いじめっ子たち（欧米）が、もう一度われわれの体制を転覆させたり嫌がらせをするために扇動している」という論法がよく使われます。天安門事件の学生デモに関しても、「アメリカに扇動されていたやつらがやったのだ」と説明をしている。チベット問題では「ダライ――ダライ・ラマ十四世を中国ではこう言います――はアメリカから金を貰っている事実がある」と。ウイグルや香港の民主化運動も同様です。もちろん、事実としてこれらに対する欧米社会からの援助が存在する場合もあるわけですが、それをものすごく過剰に言い立てる。

さきほど東ドイツの「統一負け組」のお話がありましたが、今になって冷戦で負けた人々のルサンチマンが噴き出してきたのかもしれない。中国はソ連と違って明確に負けたわけではないのですが、天安門事件とその後の国際的な制裁によって中国共産党のメンツは潰れましたし、その後の改革開放政策のなかでも、特に初期には、お金持ちの西側諸国にペコペコした記憶がある。潜在的には冷戦に負けた側にいたと言えます。ですが、時代が流れて自分たちが強くなっていったことで、中国は「やっぱりダメじゃなかった。俺たちはありのままでいいんだ」という方向に行ったのではないか。

そうなってくると「よくも、ダメじゃない俺たちをダメと言ってくれたな」という気持ちが出る。ここ十年で強化されたわけです。そもそも、中国の体制はダメと言っていた西側諸国とは、一八四〇年から中華帝国をアヘン漬けにして、詐欺みたいな不平等条約でがんじがらめにし、国土を半植民地化して、中華人民共和国が建国されるまでの百年以上の間、塗炭の苦しみを味わわせたあの連中だったではないかと。

マライ そうしたムーヴの勢いを借りて、いわゆる「西側的」価値観を今だったら倒せるかもしれないという感覚が、今般のロシアの挙動にもつながっている気がします。

安田 特にここ最近は、それが顕著な気がします。それこそ三十年前、自分たちがユラッと揺らめいた時に、西側はチャンスとばかりに倒しにきた歴史があるわけです。西側にゆらぎが見えたチャンスに何かしたいという気持ちはあるかもしれないですね。

左も右も手放さない強者絶対的な世界観

小泉 具体的な事件がない時期であっても、たぶん中国やロシアって常にうっすらアメリカ嫌いですよね。なんとなくアメリカの悪口を言っておけば収まる。当たり障りがない話題なんです。

マライ　ドイツでも反米というほどではないですが、旧大陸国家としての伝統的なプライドがあります。統一後のドイツは「われわれはアメリカにも対抗可能な強いEUをつくる！」と思ってきましたから。いざという時は、がっつり頼ってしまうんですけどね（笑）。とにかく、今の日本人がアメリカに対して抱いているような信頼というか依存心はないでしょう。

小泉　日本人もアメリカに絶対的な信頼があるわけではないですよ。やはりこの戦争が始まってから思うのは、アメリカを中心とする冷戦後の秩序に対して、面白くない思いを抱いている人がこんなに多かったんだなということです。

日本国内を見ても、左翼はアメリカが嫌いですし、右翼ももともと嫌いです。それにプラスして、なんとなく既存の権威を否定したい人たちがトランプの背後にもいるし、日本でポピュリスト政党を動かしている力にもなっている。左翼も右翼もお互い「ケッ」と思っているはずなのに、言っていることが結果的によく似ているんです。権威が批判するロシアを一生懸命擁護して、権威が擁護するウクライナは批判する。権威への逆張りというアルゴリズムを共有しているわけです。

マライ　なるほど。好き嫌いの奥に何かしら共通のコア要素があって、と考えると……。

小泉　たどり着くのは、「アメリカが世界の支配システムを持っている」という世界観です。例えばロシアの情報戦理論の父と言われるイゴール・パナリンは、アメリカの国際金融資本が世界の秩序の中心に座っていて、アメリカ政府や他の西洋諸国政府もその道具として使われていると言います。その下には日本があり、一番下層には常に紛争が起こされている被害諸国のグループがある。そうしたピラミッド状の世界観なんです。「アメリカはそんなにすごくないだろう」と思ってしまいますが、ロシア人の間ではそれが浸透していますし、そこまで極端ではなくても、日本の左翼や右翼、陰謀論にも通じるところがある。この世界観は超大国主義で、市民や中小国の自主的な意思をまったく認めていません。みんなが強者によって操られている世界で、個人や超大国でない国家は全部駒や客体に過ぎないと。

　でも僕はそうじゃないだろうと思うんですよね。私個人を考えてみても、ウクライナや台湾を考えてみても、アメリカや権威者によって操られたり支持されたりしている存在だとは思えない。もっと人間は闘争の意思を持っているはずです。私は人間の意思を信じたいほうなので、なぜ右も左も陰謀論者も、強者絶対的な世界観に寄ってしまうんだろうと、今回の戦争で疑問に思いましたね。

マライ　最近は、西側エスタブリッシュメント的な思考が「偽善」として叩かれる局面が目立つ。一種の既得権益とみなされている。プーチンがそれを打破する正義の戦士としてキャラ付けされる言説も散見されますね。

小泉　そうした考えは日本では「マスゴミ」という言葉を好んで使う人たちにもてはやされてきました。要するに、既存の教科書に出てくるような権威、ＮＨＫ的なものは全部嫌いだと。そうしたものの醜さもわからないことはないですが、一方のカウンター勢力の醜さにはみんなすっかり目をつぶってしまっている。既存の西側政府よりプーチンがいいとは僕は到底思えない。

だからすべてのパワーが「ろくでもない」という話なんだと思います。ろくでもないけれども、その中でよりまともな「ろくでもない」を選びながら、良い方向に向かって這っていくしかないと思うんです。

ドイツと中国圏の若者たち

マライ　むしろ最近のドイツで個人的に気になっているのは、若者たちの「グレタ化」です。グレタ・トゥーンベリは欧米全体にムーヴを巻き起こしましたが、ドイツで一番ウケたように思います。彼女に影響を受けた若い子たちは「みんなで民主主義について語り合おう！」「今日語り合った話を友達にも広げよう！」「民主主義と環境保護の理解の道はここからスタートよ！」といった感じです。彼らがちょうど高校を卒業して大学に入るくらいの年齢になっている。「プーチンって実はいいやつなんじゃないか」的な言説とは全く違う文脈なのですが。

小泉　簡単に言うと意識が高い？

マライ　少しカルトっぽいんですよね。

小泉　一九六〇年代とか七〇年代のアメリカの学生運動がニューエイジ化していったみたいな感じなのかな。

マライ　そうかもしれない。で、実際に、その子たちの主張は間違っていない。温暖化を解決するために全世界で取り組むべきだと思うんです。会ってみても、すごく素敵な子たちです。

ただ彼らがウクライナ戦争への反対デモをする際、「戦争よりも、環境保護の方が大事だ」という主張をしていて……。「正しい」ことを訴えればみんなが気づいてくれるだろう的ピュア系マインドで動いているような。現実の社会力学との噛み合い方や、国際的パワーゲームの内容を理解していない印象が強い。そんなある意味「お花畑」の若者が、これからものすごい挫折をしていくんじゃないかと不安です。挫折して大人しくなるのか、極端化して暴走するのか。どういった形で政治参加していくのか。

小泉　まぁ、いいじゃないですか。若者が理解できないと思い始めたら、私たちもおじさん、おばさん（笑）。

安田　意識が高いし、ハイレベルな悩みですよ。若者が理想を持って青いことを言える世の中っていいじゃないですか。台湾や香港の学生運動も似たようなもので、香港も香港国家安全維持法が施行されるまでは、若者の間で社会運動団体を作るのが盛んでした。もういまはほぼ壊滅していますが……。

それこそ天安門事件では、若者の前のめりな理想が、えげつなさ過ぎるおじさんの現実によって打ち壊された。じゃあ天安門世代はどうしたか。多くの人は露骨な拝金主義に走り、心が折れてしまった人は隠者のような生活をしていく。今の香港も似たような感じになるのかなと思っています。デモ関係者の中には、もう口を閉ざしている人もいますし。理想に敗れたあとは、ニヒリスティックに生きていく人々が増えるのだろうなと。

マライ　ドイツがそんな感じになったらツラすぎるな。

安田　どうでしょう。八九年の北京と、今回の香港は、圧倒的な強権によってすべて打ち壊されたので。相手がそこまで無茶じゃなかったら、そんなにニヒリスティックにはならないのかな。

中国化するロシア

安田　中国を見慣れている私が今回のウクライナ戦争の勃発後に、逆接的に感じたのは、「ロシアってなんて自由な国なんだ」ということでした（苦笑）。テレビのニュースキャスターの後ろで反戦プラカードを掲げた人の映像が流れてきましたよね。中国でCCTVの放送中にそんなことをやるなんて絶対にあり得ません。それに、反戦デモがおこなわれていて、それが鎮圧される様子がちゃんと「映像に映っている」。さらに、告発したジャーナリストが捕まる様子もしっかり映像に撮られ、それが「表に出る」。なんてロシアって自由なんだと……。つまり、中国がどれだけひどいかという話なのですが。

小泉　今回の戦争はロシア人にとってものすごくショックなんですよ。猛烈に支持する人もいるし、猛烈に反対する人もいて、いわゆる「巨大感情」を巻き起こすものと言えます。戦争の規模自体も大きい。だからこそ、今までのロシアではなかったメディアでの反対運動やデモが起きました。おそらくこれが最後の輝きでしょう。今後のロシアでそうしたことができるとはなかなか思えません。開戦から五カ月目に入って、メディアは完全に統制され、独立系メディアは全部お取りつぶしですよ。ユーチューブチャンネルも閉鎖されて、さらに今はユーチューブ自体が閉鎖されそうな状態です。

反体制的なことを言った人というのは、昔だったら根拠なく拘束されて二〜三日で帰してもらえたわけですけど……もうたぶんそんなものじゃ済まない。本当に刑務所にぶち込まれてしまいかねないので、もうああいう声は上げられないでしょう。

マライ　中国化しちゃったと。しかし、実はロシアには他の未来もあり得たと思いますか？　もっと民主主義が強くなるとか。

小泉　本来ロシアはそっちの方を目指していたはずなんですけどね。彼らの中では国家が一度崩壊し、みんなで様々なことを言いながら憲法には「自由民主主義」を書き込んだ。その方向を目指すという合意があったわけです。今でも法律に書いていないことをやってはいけないと政府も意識している。問題は、やはりそれでも「ロシアは世界的大国」「旧ソ連の国々はロシアのシマ」といった捨てきれない大国主義の部分があることです。

本来目指すべき方向があったはずなのに、それが悪い方に出てしまい、二〇二二年の現在まで来てしまったんですが……。そうでない未来がロシアにあったのか。なかなかうまくお答えできないですね。

世界がサバイバルモードに突入したら

マライ　小泉さんのご著書に、「ロシアは産業的な新機軸を打ち出さないと行き詰まりになる」というようなことが書かれていましたよね。これからますます行き詰まり感は増していくのでしょうか。

小泉　行き詰まり感は確実に増していますね。でもロシアの場合は自分の家の庭から色んなものが出ます。石油も出ればジャガイモも生える。そこが日本や北朝鮮とは違うところです。品質は高くないけれども、自分たちで走る車がつくれる。最新の iPhone やレクサスは手に入らないかもしれませんが、別に生きてはいける。

マライ　そういうものに限って、逆に自分で修理できちゃう。サバイバルスキルが高めなんですね。もし世界全体がサバイバル傾向を深めていったら、逆に地産地消できるからこそ勝ち組になれる可能性もありますよね。地産地消できない西側諸国はヤバいんじゃないか。ブライアン・ウォード＝パーキンズが『ローマ帝国の崩壊：文明が終わるということ』で描いた、国際分業システムの脆弱さの露見みたいな話ですが。

小泉　確かに大地震や大戦争になり、サバイバルモードになった時には、まったく別の指標が導入されますよね。お金なんか紙屑になるかもしれないし。力こそすべて。

マライ　『北斗の拳』みたいな感じ？

小泉　そうそう。こうなった時のロシアは強い。『北斗の拳』世界になった時には、ロシアは絶対「ヒャッハー」側なわけです。国際分業が崩れたり、自由貿易でコモディティ（日用品）が入手できない世界になったら、それはロシアは強いです。なんでも自給できるから。たぶんロシアのカルチャーそのものが、「ヒャッハー」世界に特化されているんです。ユーラシアのそういう世界でずっと生き抜いてきた平地の民の世界観が、ロシアの様々なものを良くも悪くも形作ってしまっている。民主的なロシア、解放的な世界に生きているロシアを一時期夢見たけれど、ロシアの社会が持っているクセが最終的にプーチンを選び出してしまったし、プーチンにここまでやらせてしまった。

安田　ちなみに、窮乏に対して現代の中国人はあまり強くないと思います。一九七〇年代までは「夫婦が一本のズボンを共有した」と言われるくらい、窮乏に耐えられるイメージがありました。でも現代の中国人は我慢強くないですよ。

また、中国ではサバイバル状態になることへの恐れが強い。ある意味で、個人の権利が抑圧されることよりも、社会が混乱して無秩序になることのほうを恐れているので、強い政府のもとでの安定を求めます。なぜなら安定していないのが中国の本来の日常であり、かつて清末から一九八九年の天安門事件までは、十年に一度はとんでもない動乱があったり、外国から攻められたりしていた。ですが天安門事件以降、中国は三十年も「安定」した奇跡の時代を生きているんです。だからこそ、また動乱があったり、欠乏状態になるのが嫌でしょうがない。そのために民主化運動を弾圧したり、ウイグル人を収容所に入れたりすることに対しても、中国人は強い反感を持たないわけです。

小泉　動乱を恐れる感覚はロシアにもあります。ロシア人は自然災害よりも、外国の侵略よりも大動乱を恐れているように見えます。大量虐殺が起きてしまうからです。それが心底怖い。共産党がわりとよく治めてきたと中国人が思っているのと同じ感覚を、プーチンに対してロシア人も感じているでしょう。二十二年間のプーチン政権での安定によって、生活がまともになったことも評価している。選挙で票の操作をしなくても、プーチンの支持率は高いと私も思います。であるからこそ、中国共産党にせよ、プーチンにせよ、民意で支持されていることをわれわれは認識しておく必要がある。

安田　比較的近い時代に、あまりにもひどいことが起こっていたから。

小泉　国民の多くが何を評価して、何をトラウマとして持っているのかは、かなりハイコンテクストな話ですよね。われわれのミラーイメージに当てはめると、変な像が描かれてしまう。

マライ　ドイツ人は動乱のトラウマはあまり持っておらず、どちらかと言えば、何らかの形での再度のナチ台頭を恐れているように感じます。ドイツは「ナチ時代の反省、再発防止」を教育含め内外にアピールしていますが、映画にもなった大ベストセラー『帰ってきたヒトラー』を読み解けばわかるように、実は形骸化も激しい。そんな中、たとえば「人種差別」を避けて極右言説を巧みに展開する動きも見られたりする。ドイツの右派も進化しているのです。「次のナチは、ナチっぽい顔つきではやって来ない」と言われる所以ですね。

小泉　ドイツ三十年戦争のトラウマが近代の国民国家システムを生んだとも言えるので、われわれは実はドイツの長いトラウマの中にいるのかもしれません……。

マライ　なんかすみません……。そして「ヒャッハー状態」を、ドイツ人はそもそも想像すらできないと思います。

小泉　日本人も想像できないでしょうね。先ほど安田さんが中国には「いじめられっ子意識」があると言っていましたが、ロシアも中国と同じで、彼らの主観としては「自分たちこそが虐げられている」と思っている。

マライ　実際にドイツからもそれなりのヘイトが無自覚に発信されている気はする。見下されている感じが伝わっていると思うんですよね。

小泉　きっとロシアとしては防衛的な行動のつもりなのでしょう。

やはり世界観のディスコネクションがあり、見えているものがあまりに違うので対話が難しい。世界にはいくつか分断線が確実に走っていて、そこから先は心から分かり合うことが完全にはできない世界がある。でも彼らとずっと戦争をする必要もない。私がロシアで暮らしてみて思ったのは、分かり合わなくてもいいんだということです。文字通りエイリアンである言葉や思考が共有できない人たちと、しかし諦めるのではなく、お隣さんとして一緒に暮らしていく。その知恵は、むしろ中国人やロシア人から学ぶところがあると思います。日本人ってやっぱり、放っておけないんですよ。一晩酒を飲んでみたら、世界観を共有できると思っている。でもそんなに簡単じゃないですよ。

例えばゴミ出し。日本のゴミ出しには非常に細かいルールがあり、そこでトラブルになります。ロシア的解決法は、分別をしない。そのまま森に穴を掘って捨てればいい。これでどんなに生活習慣が違う異民族が一緒に住んでいても問題はない。地球環境は？　それは気にしないという。

マライ　ドイツ人だったら、相手を理性的に説得、あるいは自分の世界観を「魅力たっぷり」にプレゼンすれば相手も納得してくれるに違いない、と思っている。

だから、中国の一帯一路のように、取引中のアフリカ諸国で衝撃的な政権交代とかあったとしても、同じスタンスで接して、そっちの政治には全く干渉しない、といったドライなやり方はドイツ人にはできないでしょう。

小泉　日本人やドイツ人はやっぱり何だかんだ真面目なので、そこでサバイバルをするのだというと、結局のところ偽悪的になっちゃうんですよね。一生懸命「悪」を演じてしまうところがあって。全然悪いと思わずにひどいことをしてしまう中国やロシアに比べて、日本人とドイツ人は「俺たちはこんなにも権謀術数を駆使している」と、自分に酔ってしまうところがあるんだと思うんです。日本人とドイツ人にはあの天然感は出せないですから。

おわりに

この対談集の聞き手にして語り手である私は、かれこれ十五年ほど、ロシア軍事に関する研究で糊口をしのいできました。

ということは、基本的には世間一般からあまり注目を浴びることはなく、もし注目を浴びるとすればロシアをめぐって何かきな臭い事態が起きたとき、ということになるわけです。二〇一四年の第一次ロシア・ウクライナ戦争はまさにこうした事態でしたし、その後も幾度か、マスコミからの取材依頼が途切れない、ということがありました。

最近では北朝鮮の核戦略なんかにも関心を持っていたので、二〇一七年の北朝鮮ミサイル危機の際も賑やかでした。同年八月に北朝鮮が中距離弾道ミサイル火星十二号を発射した時なんかはたしか家族旅行で伊豆に行っていたので、干物屋の駐車場に車を停めて電話インタビューに答えた覚えがあります。

こういう突発事態が起きた時のマスコミの取材攻勢には大体の順番があるようです。軍隊でも「まずは砲兵が激しい攻勢準備射撃を行なってから攻勢に移る」といったセオリーがありますが、マスコミの場合はまずテレビ局が来ます。何かあったらとにかくその日のうちには番組にして流さないといけないわけですから、やはりコメントを取りにくるのは彼らが早い。ラジオもそうですね。

新聞はそれから一拍おいて来ます。大手新聞は国際的な支局ネットワークを持っており、外国語や外国事情に通じた記者をかなりの数抱えているので、初動は自分達だけで完結できるのでしょう。なので彼らが識者コメントを取りにくるのは、ことが起きた少し後、ということになります。

その次が雑誌。こっちは週刊とか月刊というペースで動いているので、だいぶゆっくり気味です。また、インタビューに答えるだけでなく自分で記事を執筆するというスタイルも多いので、現在進行形の事態に関してその時点での自分の考えを最も包括的に示せるのがこの媒体です。まぁ同じようなテーマで依頼がいくつも来るので、雑誌ごとにどう内容を差別化するかが一苦労であったりもするのですが。

……とまぁ、大体この辺まで来ると「今回の騒動もそろそろかな」と見当がついてきます。事実、雑誌への寄稿依頼が来る頃にはもうテレビはすっかり別の話題に夢中になっている場合が多く、しばらくは本業である大学の仕事とか、自分の本を書くとかに専念できる時間がやってきます。

ところが二〇二二年の第二次ロシア・ウクライナ戦争では、このサイクルがなかなか終わりませんでした。何しろ二千五百キロメートルの戦線を挟んで百万人以上の兵力が戦うという、二十一世紀で最大規模の大戦争が半年以上（本書刊行時点）も続いているわけですから、当然といえば当然かもしれません。

しかも、こうして取材攻勢が続く中で、今度は「対談」という波がやって来ました。これも初めてのことです。対談をやったことがなかったわけではないのですが、今回は毎週のように何人もの人と対談が組まれました。それも従来のように専門家同士、専門誌で、という地味なパターンではなく、綺羅星の如き有名人と総合誌で、という「文壇感」のある対談です。正直、「マリインスキー劇場の舞台に立ってしまった吉本芸人」感というか、ずいぶん場違いなところに来てしまったなという気もするのですが、ロシアが始めた戦争のインパクトが、それだけ大きいということなのでしょう。その遠心力の大きさゆえに「テレビ→新聞→雑誌」という通常のサイクルを振り切り、対談という未知のスペースに至ってしまったわけです。

それだけに、本書に収めた一連の対談では、なるべく「ごく普通の人が聞いている」ということを意識したつもりです。普通に考えると、これは「関心はあるけれどあまり知識はない」という人に今起きている事態をなるべくやさしく理解してもらう、ということになるでしょう。「啓蒙型」とでも呼ぶべきアプローチです。しかし、今にして読み返してみると、私自身はどうもあんまり啓蒙しようとしていない。むしろ「ビーストモード型」というか、読者を置き去りにして突っ走っているような回が多いようです。砂川さんとのハインド攻撃ヘリの話とか。

まぁそれもよしとしましょう。私（や一部対談相手）の暴走っぷりは、それで一つの同時代感といいますか、今起きていることのインパクトを「空気感」として伝える役割を果たしているように思うからです。

それから本書に収められた対談は開戦後のかなり初期段階になされたものを含んでおり、それゆえに情報が誤っていたり、見通しを外したりしています。そうした間違いも、本書では基本的に当時のまま再録しました（一部修正は加えていますが）。戦争が始まってから一カ月時点、あるいは三カ月時点で我々が何を考えていたのか。何を恐れていたのか。これもまた本書が伝えたい「空気感」であるからです。その上で、収められた七本の対談がホログラムのようにして何らかの立体像を読者の中に結ぶなら、本書の目論見は成功ということになるでしょう。

なお、本書が成立するにあたっては、対談に応じて下さったみなさんのご協力が不可欠であったことは言うまでもありません。東浩紀、砂川文次、高橋杉雄、片渕須直、ヤマザキマリ、マライ・メントライン、安田峰俊（掲載順、敬称略）の各位に心からお礼を申し上げたいと思います。また、これらの対談を本にまとめるよう提案して下さった文藝春秋の鳥嶋七実さんにも特別に感謝申し上げます。

二〇二三年八月
小泉悠

ウクライナ戦争の200日の動き

月日	事項
2月21日	ロシアのプーチン大統領が、親ロシア派武装勢力の支配するウクライナ東部で「ドネツク人民共和国」と「ルガンスク人民共和国」の独立を承認
24日	プーチン氏が東部での「特別軍事作戦」の実施を発表。首都キーウなどへのミサイル攻撃や空爆が始まる
	ウクライナのゼレンスキー大統領が全土に戒厳令を発する
	ロシア軍がチョルノービリ原発を占拠
	ロシア軍がキーウ郊外のアントノフ国際空港を襲撃
25日	国連安全保障理事会でロシア非難決議を採決、ロシアが拒否権行使
26日	欧州連合（ＥＵ）と米英などが国際決済網のＳＷＩＦＴからのロシア排除を表明
	ロシア軍、南東部マリウポリ付近に侵攻
27日	プーチン氏が核を含めた戦力を「特別態勢」にするよう命令
	ロシア軍、北部チェルニヒウを包囲
28日	ベラルーシで一回目の停戦協議　隔たり大きいまま終了
3月1日	ロシア軍が第二の都市ハルキウ中心部やキーウのテレビ塔を攻撃

2日	国連総会緊急特別会合でロシア非難決議採択
3日	ロシア軍が南部ヘルソンを制圧
	ベラルーシで二回目の停戦協議　「人道回廊」の設置で合意
4日	ロシア軍が南東部のザポリージャ原発を攻撃
	ロシア軍が南部ミコライウを包囲しようとするが失敗
	ロシアで「偽情報を流した」と当局がみなした記者らに最大十五年の禁錮刑を科す改正法「フェイクニュース法」が成立
6日	ロシア軍がハルキウの核研究施設「物理技術研究所」を攻撃
7日	ベラルーシで三回目の停戦協議　進展わずか
8日	ゼレンスキー氏が英議会でオンライン演説。ウクライナ上空への飛行禁止区域の設定を求める
	国際原子力機関（IAEA）は、ロシア軍が占拠したチョルノービリ原発からのデータ送信が途絶えたと発表
	ロシア軍が北東部ハルキウ州の要衝イジュームへの攻撃を開始
9日	ロシア軍がマリウポリの産科病院を攻撃、妊婦ら死傷
	キーウ東に位置するブロバルイでキーウ攻勢の戦いが始まる
14日	グテーレス国連事務総長「核戦争、起こり得る」と発言
	ロシア国営テレビの編集者が生放送で「戦争反対」の訴え

16日	ロシア軍がマリウポリで住民が多数避難する劇場を空爆
	ゼレンスキー氏が米議会でオンライン演説。米国は軍事支援追加を表明
23日	ゼレンスキー氏が日本の国会でオンライン演説。「制裁継続を」と訴え
24日	主要七カ国（G7）首脳会議をベルギーで開催
25日	ロシア軍参謀本部のルッコイ作戦本部長が東部（ドンバス地方）の支配確立に集中する意向を表明
26日	バイデン米大統領がポーランドで演説。プーチン氏を「権力の座にとどまり続けてはいけない」と批判
29日	トルコで対面による四回目の停戦協議　ウクライナ側は欧米諸国やトルコなどが防衛義務を負う形での新しい安全保障の必要性を強調。ロシア側はキーウなどへの攻撃を「大幅に減らす」と表明
31日	ロシア軍がチョルノービリ原発から撤退を始める
	ロシア軍がイジュームを占拠
4月2日	ウクライナ側がキーウ州全域が「解放された」と表明
3日	キーウ近郊のブチャなどで多数の民間人殺害が判明し、ゼレンスキー氏が「ジェノサイド」と非難
6日	ブチャなどでの民間人殺害を受け、米国がロシア最大手銀行などへの追加制裁を発表
7日	国連総会がロシアの人権理事会理事国の資格停止決議を採択

8日	ウクライナ東部の要衝クラマトルスクの鉄道駅でロシアのミサイル攻撃により五十人が死亡
9日	プーチン氏がウクライナの全戦域を統括する司令官にアレクサンドル・ドボルニコフ氏を任命したと報じられる
12日	プーチン氏が侵攻後初めて会見。「キーウ近郊の民間人殺害は『フェイク』」と述べる
13日	国際刑事裁判所（ＩＣＣ）が多数の民間人の遺体が発見されたブチャを訪問。戦争犯罪の本格捜査に入る
15日	ロシア国防省がキーウへのミサイル攻撃再開を表明
16日	ゼレンスキー氏がマリウポリの兵士が全滅なら停戦交渉を打ち切る考えを示唆
17日	ロシア国防省がマリウポリの兵士に投降を要求
18日	ゼレンスキー氏が東部ドンバス地方へのロシア軍の本格攻撃が始まったと表明
21日	ロシアのショイグ国防相がマリウポリを掌握したとプーチン氏に報告。プーチン氏はウクライナ兵の拠点であり、市民が避難する製鉄所「アゾフスターリ」への攻撃の中止を命じる
	マリウポリ近郊で集団墓地とみられる穴が大量に掘られていたことが、衛星写真で明らかに
22日	ロシア軍が東部で作戦の「第二段階」に注力すると発表
26日	グテーレス氏がモスクワでプーチン氏と会談。マリウポリの「アゾフスターリ」から市民を避難させる際の国連などの関与に「原則として合意」
28日	グテーレス氏がブチャなどを訪問。キーウでゼレンスキー氏と会談
30日	「アゾフスターリ」から市民の避難が始まる

5月4日	ロシア外務省、岸田文雄首相ら日本人六十三人のロシア入国禁止を発表
5日	東部のドネツ川での戦いが始まる
7日	ロシア軍がウクライナ東部ルハンシク州南西部の都市ポパスナを制圧
9日	ロシアで第二次世界大戦の対独戦勝記念日。プーチン氏は侵攻を正当化
	バイデン氏がウクライナなどへの武器貸与の権限を大統領に与える「武器貸与法」に署名
10日	ベラルーシのルカシェンコ大統領、ウクライナとの国境付近に特殊部隊を配備と発表
	ロシア軍、ドネツ川の渡河作戦を試みるも失敗
11日	ＩＡＥＡ、チョルノービリ原発の核物質監視システムからのデータ受信が完全復活と発表
13日	米シンクタンク「戦争研究所」、ハルキウからロシア軍が「完全撤退を決断したようだ」との分析を公表
14日	ウクライナ軍、ハルキウ州イジュームに向けて反撃開始
16日	ロシア軍への抵抗を続けていたウクライナの部隊「アゾフ連隊」が投降。ウクライナ側は兵士たちに「アゾフスターリ」からの退避を命令
17日	ＩＣＣ、ロシア軍によるウクライナでの残虐行為を捜査するため専門家らを現地に派遣と発表
18日	フィンランドとスウェーデン、ＮＡＴＯ（北大西洋条約機構）に加盟申請
	ロシアの侵攻を受け、食料安全保障についての閣僚会合が国連本部で開催
19日	米軍のミリー統合参謀本部議長とロシア軍のゲラシモフ参謀総長が電話協議

	ローマ・カトリック教会のフランシスコ教皇がロシアによるウクライナ侵攻に関して「第三次世界大戦はもう布告されている」と発言
20日	ロシア国防省がマリウポリの完全制圧を宣言
21日	バイデン氏がウクライナ支援のための総額四百億ドル（約五・一兆円）規模の追加予算案に署名
	ゼレンスキー氏が侵攻前の領土回復で「勝利とみなす」と表明したと報道
23日	ウクライナの検事総長、一万三千件の戦争犯罪を把握していると明らかに
	英国防省が、ロシアのウクライナ侵攻開始以降、同国の兵士の死者数が九年間のアフガニスタン侵攻でのそれに相当するとの分析を発表
25日	ロシア議会、軍の志願兵の年齢制限を撤廃する法案を可決
	プーチン氏、ウクライナ南部ヘルソン州と中南部ザポリージャ州の住民を対象に、ロシア国籍の取得手続きを簡素化する大統領令に署名
28日	ロシア側、ウクライナ東部の要衝リマンを制圧したと発表。ウクライナ側が拠点とするセベロドネツク市など、東部ドンバス地方で両軍の攻防が激化
29日	ゼレンスキー氏がハルキウ州の前線を訪問し兵士を激励
31日	バイデン氏、高機動ロケット砲システム「ハイマース」（ＨＩＭＡＲＳ）のウクライナへの供与を表明
6月1日	ドイツのショルツ首相、対空ミサイルシステムなどのウクライナへの供与を表明

2日	ゼレンスキー氏が、領土の約二十パーセントがロシアの支配下にあると演説で述べる
5日	ロシア軍がキーウを約一カ月ぶりにミサイル攻撃
	英国のジョンソン首相がキーウを訪問し、ゼレンスキー氏と会談
7日	東部ルハンシク州の主要都市セベロドネツクの攻防戦が激化
8日	ウクライナの国外難民が七百万人を超える
	ルハンシク州知事、「セベロドネツクの大部分がロシア軍に掌握された」と発表
11日	セベロドネツクで橋が破壊される
15日	中国の習近平国家主席、プーチン氏に主権や安全保障をめぐる「相互支持」を呼びかけ
16日	仏、独、伊の首脳がキーウを訪問。ゼレンスキー氏と軍事支援強化を確認
17日	プーチン氏が「欧米のロシアに対する経済制裁は失敗」「一極集中の世界秩序の時代は終わりを告げた」と発言
19日	ウクライナ議会、ロシアの一部の音楽や映像の公共の場での再生、演奏を禁止する法案を可決。ロシアの出版物の輸入禁止も決定
23日	核兵器禁止条約の初の締約国会議閉幕。核兵器廃絶を目指すための条約の運用方針をまとめた「ウィーン行動計画」と、「核なき世界」の実現を国際社会に呼びかける宣言を採択
	米国に提供を求めていた「ハイマース」がウクライナに到着
24日	セベロドネツクからウクライナ軍が撤退を始める
25日	ロシア国防省はセベロドネツクをめぐり、「完全に支配を確立した」との見解を示す

26日	G7サミットがドイツ南部エルマウで開幕
27日	米国防総省高官が各地でミサイル攻撃が増えていることにつき、米国が提供した「ハイマース」がウクライナに到着したことへの反発との見方を示す
	ウクライナ中部ポルタワ州の主要都市クレメンチュクにあるショッピングモールへのロシア軍によるミサイル攻撃で二十二人死亡
28日	エルマウで開かれていたG7にて、ロシアが軍を無条件で即時撤退させるよう「中国がロシアに圧力をかけることを求める」と首脳声明に盛り込まれる
	スウェーデンとフィンランドのNATO加盟が認められる見通しとなる
	「戦争研究所」は、ロシアの侵攻作戦を統括していたドボルニコフ司令官が更迭され、ゲンナジー・ジトコ氏に交代したとの分析を発表
30日	ロシア軍が、ウクライナ側の攻撃を受け黒海の要衝の島ズミイヌイ島から撤退。ロシアの海域封鎖が緩み、ウクライナの穀物輸出の再開につながる可能性が高まる
7月3日	ロシア国防省は、ウクライナ側のルハンシク州最後の拠点になっていたリシチャンシク市を「ロシア軍が包囲した」と発表
4日	ウクライナの復興について話し合う国際会議がスイス南部ルガーノで始まる。インフラや建物などの被害は一千億ドル（約十三兆五千億円）を超えるとの見方が示される
7日	ウクライナ軍参謀本部は東部ドネツク州スラビャンスクの攻防でロシア軍を撃退したと発表
	イギリスのジョンソン首相が辞任を表明

	プーチン氏はウクライナ侵攻について「米国支配の世界秩序の根本的な破壊の始まりを意味する」と述べ、「グローバルな米国の自己中心主義から、真の多極化した世界への移行の始まりだ」と欧米を強く牽制
9日	英国防省はロシアが攻勢を強めるため、国内各地から予備部隊をウクライナ国境付近に集結させつつあるとする分析を公表。同時にロシア軍の余力のなさを指摘
	ゼレンスキー氏はウクライナ軍に対し、ロシアに占領された土地の奪還を命じる
11日	プーチン氏は、ロシア国籍の取得手続きの簡素化を住民に認める地域をウクライナ全土に拡大する大統領令に署名
	南部のロシア占領地域の奪還を目指してウクライナ軍の反転攻勢が始まる
14日	西部ビンニツァの中心部にミサイル攻撃、二十六人死亡
17日	ゼレンスキー氏が同国の検事総長と保安局のトップを解任。組織内でロシアに協力の疑い
19日	プーチン氏とトルコのエルドアン大統領がイランのテヘランで会談。ウクライナの港からの小麦などの輸出再開を議論
20日	ロシアのラブロフ外相が南部の支配拡大も目標と明言
22日	ロシアによる黒海封鎖で小麦輸出などが滞っている問題で、トルコと国連が仲介し、輸出再開に向け、ロシア、ウクライナが合意文書に署名
23日	食糧輸出再開の合意文書で積出港に定められていた南部オデーサ港にロシアがミサイル攻撃
24日	ロシア外務省はオデーサ港への攻撃をめぐり「破壊したのは軍事施設」と主張

25日	ロシアはドイツと結ぶ海底ガスパイプライン「ノルドストリーム」の供給量を五分の一に削減すると発表
29日	東部の親ロシア派支配地域の捕虜収容所への攻撃で、拘束されていたウクライナ兵五十人超が死亡
31日	ウクライナ大統領府の高官、NHKの単独インタビューで、冬の到来を前に東部と南部の領土奪還を目指して戦闘を終結させたい考えを明らかに
8月2日	ウクライナから国外への避難民が一千万人を超えたとUNHCR（国連難民高等弁務官事務所）が明らかに
4日	ゼレンスキー氏は、戦争終結に向け、中国の習近平氏と「直接」協議を求めていると明らかに
	国際人権団体アムネスティ・インターナショナルが、ウクライナの軍事拠点が民間人を危険にさらしていると非難する声明を発表
	EU、元ウクライナ大統領で親ロシア派のヤヌコビッチ氏を制裁リストに加えることを決定。氏は再び大統領に就こうと画策していた
5日	ロシア軍、ザポリージャ原発に再びミサイル攻撃
6日	英国防省が「ロシアの対ウクライナ戦争は新たなフェーズに入ろうとしている」との見解を発表。ロシア軍に、東部ドンバス地方から南部に兵力を集中させる動き
8日	米国防総省のカール国防次官は、二月のウクライナ侵攻以降、ロシア側に七～八万人の死傷者が出ていると明らかに

	米政府はウクライナに長距離兵器など十億ドルの追加支援策を発表。過去最大規模に
9日	ロシア国防省は、ウクライナ軍のハイマース弾薬庫を破壊したと発表
	クリミア半島で航空機搭載用の弾薬が爆発
	ゼレンスキー氏、クリミアの領土奪還に向けた協力を呼びかける
11日	ザポリージャ原発をめぐって国連安全保障理事会の緊急会合が開かれる
12日	米高官は、ロシアが南部ヘルソン州や南東部ザポリージャ州、東部ドネツク州、ルハンシク州で併合に向けた国民投票の準備を進めているとの見方を示す
	ウクライナに侵攻したロシア軍のなかで、死亡した兵士の出身地はイスラム教徒やモンゴル系など少数民族が住む地域が多いことが明らかに
	ロシア軍が掌握するザポリージャ原発について、EU諸国や日本など四十二カ国がロシア軍の即時撤退を求める共同声明を発表
13日	ヘルソン奪還を目指すウクライナ軍とロシア軍との攻防が激化
14日	ゼレンスキー氏は、戒厳令と総動員令の延長法案を議会に提出。長期戦に備える構え
15日	プーチン氏、国際軍事フォーラムで戦闘の継続を強調
16日	クリミア半島のロシア軍施設でウクライナ軍の攻撃とみられる複数の爆発
18日	トルコのエルドアン氏、ゼレンスキー氏、国連のグテーレス氏が西部のリビウで会談。ロシアが占拠するザポリージャ原発の非武装化を訴える
21日	ロシアの右派思想家アレクサンドル・ドゥーギン氏の娘でジャーナリストのダリヤ・ドゥー

ギナ氏がモスクワ郊外で車に仕掛けられた爆弾で死亡
英仏独米の四カ国首脳がロシア軍占拠のザポリージャ原発について電話協議
「戦争研究所」がロシア軍について「今後数カ月は支配地域を広げられない」との分析を発表

22日 ウクライナ兵の死者は九千人近くに上るとウクライナ軍総司令官が明らかに

23日 二〇一四年にロシアが一方的に併合した南部クリミア半島の返還を訴える「クリミア・プラットフォーム」が開催され、日本を含む約六十カ国が参加
ロシアが占拠するザポリージャ原発をめぐり、国連安全保障理事会が緊急会合を開催。ディカルロ事務次長が一帯の非武装化を改めて訴える

24日 ロシアのウクライナ侵攻から半年。ウクライナの独立記念日にもあたるこの日、国連安全保障理事会で五十四カ国が共同声明を発表。ロシア軍の即時撤退を求める
ベラルーシのルカシェンコ氏がウクライナの独立記念日を祝福。ウクライナとの協調関係を発展させたい考えを示す
米国防省はウクライナの独立記念日にあわせ、高性能の地対空ミサイルシステムを含む三十億ドルの追加軍事支援を発表

25日 ザポリージャ原発周辺で砲撃が相次ぐ
ゼレンスキー氏とバイデン氏が電話協議。ロシア軍が占拠するザポリージャ原発について、管理権をウクライナに返還し、IAEA調査団の派遣を受け入れるようロシアに要求

	プーチン氏はロシア軍の人員を一割増員する大統領令に署名
26日	核軍縮、拡不拡散、原子力の平和利用を柱とする核不拡散条約（NPT）の再検討会議が決裂。ロシアが同意せず「最終文書」が不採択に
28日	ゼレンスキー氏、東部ドンバス地方奪還の決意を語る
29日	ウクライナ軍がヘルソン州で新たな攻勢に乗り出し、一部でロシア軍の防衛線を突破したと報じられる

小泉　悠（こいずみ ゆう）

1982年千葉県生まれ。早稲田大学大学院政治学研究科修士課程修了。未来工学研究所特別研究員、外務省専門分析員、国立国会図書館非常勤調査員などを経て2019年から東京大学先端科学技術研究センター特任助教、2022年より専任講師。ロシアの軍事・安全保障が専門。2019年、『「帝国」ロシアの地政学——「勢力圏」で読むユーラシア戦略』（東京堂出版）でサントリー学芸賞を受賞。他の著書に『プーチンの国家戦略——岐路に立つ「強国」ロシア』（東京堂出版）、『軍事大国ロシア——新たな世界戦略と行動原理』（作品社）、『現代ロシアの軍事戦略』（ちくま新書）、『ロシア点描——まちかどから見るプーチン帝国の素顔』（PHP）、共訳書にD・トレーニン『ロシア新戦略——ユーラシアの大変動を読み解く』（作品社）など。

文春新書

1378

ウクライナ戦争《せんそう》の200日《にち》

2022年 9 月20日　第1刷発行
2022年10月 5 日　第2刷発行

著　者　小泉　悠
発行者　大松芳男
発行所　株式会社 文藝春秋

〒102-8008　東京都千代田区紀尾井町3-23
電話（03）3265-1211（代表）

印刷所　理想社
付物印刷　大日本印刷
製本所　大口製本

定価はカバーに表示してあります。
万一、落丁・乱丁の場合は小社製作部宛お送り下さい。
送料小社負担でお取替え致します。

ISBN978-4-16-661378-6

◆世界の国と歴史

ローマ人への20の質問　塩野七生
歴史とはなにか　岡田英弘
常識の世界地図　21世紀研究会編
食の世界地図　21世紀研究会編
新・民族の世界地図　21世紀研究会編
カラー新版 地名の世界地図　21世紀研究会編
カラー新版 人名の世界地図　21世紀研究会編
フランス7つの謎　小田中直樹
一杯の紅茶の世界史　磯淵猛
新約聖書Ⅰ　新共同訳 佐藤優解説
新約聖書Ⅱ　新共同訳 佐藤優解説
佐藤優の集中講義 民族問題　佐藤優
池上彰の宗教がわかれば世界が見える　池上彰
新・戦争論　池上彰 佐藤優
大世界史　池上彰 佐藤優
新・リーダー論　池上彰 佐藤優

独裁者プーチン　名越健郎
韓国併合への道 完全版　呉善花
侮日論　呉善花
韓国「反日民族主義」の奈落　呉善花
イスラーム国の衝撃　池内恵
「ドイツ帝国」が世界を破滅させる　エマニュエル・トッド 堀茂樹訳
シャルリとは誰か？　エマニュエル・トッド 堀茂樹訳
問題は英国ではない、EUなのだ　エマニュエル・トッド 堀茂樹訳
中国4・0　エドワード・ルトワック 奥山真司訳
戦争にチャンスを与えよ　エドワード・ルトワック 奥山真司訳
日本4・0　エドワード・ルトワック 奥山真司訳
ラストエンペラー習近平　エドワード・ルトワック 奥山真司訳
21世紀 地政学入門　船橋洋一
地経学とは何か　船橋洋一
熱狂する「神の国」アメリカ　松本佐保
大学入試問題で読み解く「超」世界史・日本史　片山杜秀
ベートーヴェンを聴けば世界史がわかる　片山杜秀
戦争を始めるのは誰か　渡辺惣樹

第二次世界大戦 アメリカの敗北　渡辺惣樹
ルポ 絶望の韓国　牧野愛博
韓国を支配する「空気」の研究　牧野愛博
金正恩と金与正　牧野愛博
米中激突　陳破空 山田智美訳
知立国家 イスラエル　米山伸郎
1918年最強ドイツ軍はなぜ敗れたのか　飯倉章
「中国」という神話　楊海英
独裁の中国現代史　楊海英
ジェノサイド国家中国の真実　于田ケリム 楊海英
人に話したくなる世界史　玉木俊明
16世紀「世界史」のはじまり　玉木俊明
トランプ ロシアゲートの虚実　小川聡 東秀敏
世界史の新常識　文藝春秋編
ヘンリー王子とメーガン妃　亀甲博行
コロナ後の世界　ジャレド・ダイアモンド ポール・クルーグマン リンダ・グラットン マックス・テグマーク スティーブン・ピンカー スコット・ギャロウェイ 大野和基編
コロナ後の未来　ポール・ナース ユヴァル・ノア・ハラリ カタリン・カリコ リンダ・グラットン リチャード・フロリダ スコット・ギャロウェイ イアン・ブレマー 大野和基編
パンデミックの文明論　ヤマザキマリ 中野信子